Weiße Magie für Anfänger

– Das Praxisbuch –

Wie Sie Ihre magischen Fähigkeiten Schritt für Schritt entwickeln und das Hexenhandwerk erlernen

Aja Devi

WirmachenDruck.de
Sie sparen, wir drucken!

Alle Ratschläge in diesem Buch wurden vom Autor und vom Verlag sorgfältig erwogen und geprüft. Eine Garantie kann dennoch nicht übernommen werden. Eine Haftung des Autors beziehungsweise des Verlags für jegliche Personen-, Sach- und Vermögensschäden ist daher ausgeschlossen.

ISBN: 978-3-969306925

Email: info@edition-lunerion.de
www.edition-lunerion.de

Psiana eCom UG
Berumer Str. 44
26844 Jemgum

INHALT

Die wahre Natur der Magie

Was ist Magie eigentlich wirklich? Kommen wir im alltäglichen Bereich mit diesem Thema in Berührung, dann meist über Fernsehserien wie „Charmed“ oder „Sabrina“. Dort wird uns ein Bild von Magie präsentiert, welches zwar grundsätzlich nicht falsch, jedoch stark verzerrt ist. Man sagt einen Spruch auf, verbrennt dazu ein paar Kräuter, es macht „puff“ und „peng“ und der gewünschte Effekt materialisiert sich einfach aus dem Nichts. In dieser Welt scheint alles möglich zu sein, wenn man nur das richtige Ritual oder den richtigen Zauberspruch beherrscht und der begrenzten Auswahl jener Menschen angehört, die über magische Fähigkeiten verfügen. Gleichzeitig kommt diese Gabe jedoch immer mit der dazugehörigen Verantwortung, sie nicht zu missbrauchen. Somit werden Fernsehhexen meist zu Dämonenjägern, wie im Falle von „Charmed“, um ihre Fähigkeiten in den Dienst der Menschheit zu stellen. An diesem Konzept ist zwar grundsätzlich nichts falsch und damit nichts auszusetzen, man sollte sich jedoch bewusst machen, dass es sich um Fernsehunterhaltung handelt.

Magie in ihrer tatsächlichen Komplexität darzustellen, wäre zwar innerhalb einer Fernsehserie durchaus möglich, das Ergebnis wäre jedoch nicht besonders populär. Magie existiert zwar tatsächlich, jedoch kommt sie meist ohne spektakuläre Effekte aus und geschieht so natürlich, dass wir sie gar nicht wahrnehmen. Gleichzeitig erfordert die Beherrschung der Magie zwar keine genetische Vorprägung, dafür jedoch hohe Einsätze vom Individuum. Dazu gehören Dinge wie Selbstreflexion, Persönlichkeitsentwicklung, regelmäßiges Training der mentalen und physischen Fähigkeiten, Meditation, Energiearbeit, Fasten und vieles mehr. Wie so oft erscheint die Realität auch im Bereich der Magie eher langweilig und ist damit, realistisch dargestellt, nicht zur Fernsehunterhaltung geeignet. Dennoch würde ich so weit gehen, zu behaupten, dass weltweit mindestens genauso viele Menschen existieren, die sich ernsthaft mit Magie beschäftigen, wie jene, deren Vorstellung von Magie sich aufbaut auf Vorbildern wie „Harry Potter", „Charmed" oder „Sabrina". Ganz so langweilig und anstrengend, wie es sich auf den ersten Blick darstellen mag, ist wahre Magie nämlich nicht.

Wenn ich behaupte, Magie würde tatsächlich existieren, ist damit also nicht die Art von Magie gemeint, mit deren Hilfe Harry Potter und Co die Welt zu einem interessanteren und besseren Ort machen. Wahre Magie ist sehr viel subtiler, denn um sich endlich einer Definition nähern zu können, sollte man zunächst einmal Magie nicht mehr als Substantiv, sondern als Verb betrachten. Magie ist keine „Sache", es ist vielmehr eine Tätigkeit, die aus der bewussten Kontrolle der uns umgebenden Kräfte besteht. Deshalb sollte man, um Magie wirklich in der Tiefe verstehen zu können, sich zunächst der grundlegenden Beschaffenheit der Existenz gewahr werden. Alles, was existiert, besteht aus Energie, „feste Materie" ist im Grunde nur eine Illusion. Nehmen wir uns zur Verdeutlichung einmal den menschlichen Körper vor und betrachten diesen auf sämtlichen Ebenen. Im Makrokosmos besteht dieser Körper aus Armen, Beinen, Rumpf und Kopf. Gehen wir jedoch eine Ebene tiefer, finden wir unzählige Verbände aus lebendigen Zellen. Unter dem Elektronenmikroskop wird dann der Mikrokosmos ansatzweise erfahrbar: Die Zellen bestehen aus Molekülen, die wieder aus Atomen und Elektronen bestehen, und könnte man die nächste Ebene sichtbar machen, befänden wir uns in der Welt der Quanten.

Die Quantenebene ist die „kleinste" Ebene der Existenz, die wir bisher ausmachen konnten, und wir wissen, dass alles innerhalb der Existenz aus Quanten besteht: Licht, Energie, Menschen, Tiere, Pflanzen, Sterne und Planeten. Doch hört der Zauber an dieser Stelle nicht auf, denn auch der scheinbar leere Raum ist angefüllt mit dem Quantenfeld. In einem absoluten Vakuum, welches sich eigentlich durch Leere definiert, sind noch Fluktuationen dieser Quantenenergie messbar. Es handelt sich also um eine omnipräsente Energieform, die sich zu festen Körpern formt und die gleichzeitig keinerlei sichtbare Form anzunehmen und stattdessen einfach alles zu durchdringen scheint. Die Gesetze auf der Quantenebene widersprechen den uns bekannten physikalischen Gesetzen völlig, so sind Quanten Welle und Teilchen zugleich, sie können gleichzeitig an verschiedenen Orten existieren und über unendliche Entfernungen ohne Zeitverlust „kommunizieren". Meiner Ansicht nach finden wir auf dieser Ebene die Antwort auf die Frage nach der Magie, denn genau hier herrschen die Gesetzmäßigkeiten, die der Magie zugrunde liegen. Auf dieser Ebene ist alles möglich und es handelt sich dabei um die Ebene, aus der sich die gesamte Existenz formt. Die physikalischen

Gesetze unserer materiellen Ebene lassen es zwar scheinbar nicht zu, die Gesetzmäßigkeiten der Quantenebene für uns nutzbar zu machen, doch genau dies ist das Ziel der Magie. Indem ein Mensch lernt, in bewussten Kontakt mit dieser Ebene zu treten, kann er auch lernen, gezielten Einfluss auf diese zu nehmen. Unbewusst tun wir alle dies ständig, zum Beispiel ist die Energieform, die wir als Gedanken kennen, wie alles andere mit der Quantenebene in Verbindung. Jeder Gedanke kommt im Quantenfeld an und verursacht dort eine Reaktion, deshalb ist jeder Gedanke auch bereits eine magische Handlung. Über das Quantenfeld ist alles innerhalb der Existenz miteinander verbunden und auf Gedankenebene wird dies besonders spürbar. Jeder kennt den Effekt, plötzlich an jemanden zu denken und kurze Zeit später von dieser Person angerufen zu werden. In dem Augenblick, in dem wir an jemanden denken, nehmen wir auf Quantenebene bereits Kontakt zu dieser Person auf und treten mit ihr in Verbindung. Die andere Person spürt dies instinktiv und reagiert darauf, indem sie ihre Gedanken ebenfalls auf diese Person richtet. Ob wir das nun Telepathie oder Magie nennen, ist unerheblich, denn es handelt sich grundsätzlich um das gleiche Prinzip.

Kommen wir nun zu der Frage, ob es tatsächlich möglich ist, diese Beherrschung der Grundkräfte zu erlernen, und ob dies jeder Mensch tun kann. Die Antwort lautet ganz klar Ja, wenn auch mit gewissen Einschränkungen. Jeder Mensch kann lernen, Magie bewusst anzuwenden. Magische Fähigkeiten sind nichts, was nur bestimmten Menschen vorbehalten ist, da Magie die gesamte Existenz durchzieht und uns alle durchdringt. Die bewusste Kontrolle mittels Magie ist jedoch weit komplexer, als manch einer vielleicht erwarten würde. Ich sagte ja bereits, dass auf Quantenebene alles mit allem verbunden ist. Dadurch entsteht ein unendliches Potenzial an Möglichkeiten und an Einfluss nehmenden Faktoren. Um jedoch auf einen bestimmten Bereich der Existenz gezielt einwirken zu können, muss man sich sämtlicher Faktoren, die zu dieser Sache gehören, bewusst sein. Man muss wissen, wie diese einzelnen Faktoren auf die gesamte Sache wirken, wie sie zusammenspielen etc. Damit kommen wir genau zu dem Problem, an dem die meisten Anfänger in der Magie scheitern und ihren Glauben verlieren.

Die gezielte Einwirkung auf ein komplexes System, die zu einem ganz bestimmten Ergebnis führen soll, ist zwar theoretisch immer möglich. Gelingen oder Scheitern hängt jedoch von unendlich vielen Faktoren ab. Manchmal genügt der eigene, kontrollierende Anteil nicht, manchmal wurden bestimmte, Einfluss nehmende Faktoren nicht wahrgenommen und verhindern den Erfolg. Dies lässt sich auch mit einem einfachen, nicht magischen Beispiel verdeutlichen. Nehmen wir an, Sie wollen einen Fischschwarm in einem kleinen Gewässer einfangen. Dazu platzieren Sie zunächst ein Netz im Wasser und versuchen dann, die Tiere hineinzutreiben. Normalerweise sollte dieser Plan funktionieren, jedoch können Sie nur bis auf wenige Zentimeter unter die Wasseroberfläche sehen. Deshalb sehen Sie nicht, dass sich zwischen den Fischen und dem Netz ein Raubfisch befindet, der es ebenfalls auf den Schwarm abgesehen hat und diesen vom Netz wegtreibt. In der Magie ist es genauso, unabhängig davon, was man erreichen möchte, man kann im Grunde niemals alle Faktoren, die einen Einfluss haben, erkennen und in die Gleichung mit einbeziehen. Durch gezieltes Training der eigenen, mentalen Kräfte kann man sich diesem Ziel jedoch annähern und, indem man die eigenen Kräfte mit denen anderer verbindet, die Wirksamkeit der angewendeten Magie noch erhöhen.

Deshalb ist Magie ein Handwerk oder eine Fähigkeit, deren Beherrschung konsequentes Lernen erfordert. Gleichzeitig ist Magie auch das Werkzeug, das wir zur Ausübung dieses Handwerks benötigen. Wenn man sich einen Künstler vorstellt, dann ist der Vorgang des Malens genauso Magie wie die Pinsel und die Farbe, die der Künstler dafür benutzt. Am Anfang entsteht ein Bild im Geist des Künstlers, dann wählt er Leinwand, Farbe und andere Materialien, um dieses Bild zu manifestieren, es in eine physische Form und damit in die Existenz zu bringen. Während des Malens leert der Künstler seinen Geist und wird selbst zu dem Bild, welches dabei auf der Leinwand entsteht. Am Ende existiert ein Objekt, welches bisher nur in geistiger Vorstellung existierte, plötzlich auch auf materieller Ebene. Das ist Magie in ihrer grundlegendsten Form. Jede Idee, die in unseren Köpfen entsteht und von uns umgesetzt wird, durchläuft diesen magischen Prozess der Entstehung. Ob wir dabei nun mit Hilfe unserer physischen Fähigkeiten etwas erschaffen, ohne dass es „magisch“ wirkt, zum Beispiel, indem wir ein Essen zubereiten, oder ob wir rein durch den Einsatz geistiger Kräfte etwas manifestieren, das Prinzip bleibt das gleiche. Durch diese Betrachtungsweise mag die Welt der Magie zunächst zwar etwas ernüchtert werden, denkt man jedoch einmal darüber nach, ist genau das Gegenteil der Fall. Magie ist zwar nichts „Besonderes“, denn sie steckt in allem, was existiert, doch damit wird auch klar, dass unsere gesamte Existenz zutiefst magisch ist. Betrachtet man die Welt aus dieser Perspektive, lässt sich unser Geist befreien aus den starren Vorstellungen dessen, was möglich ist und was nicht; und genau damit ist der erste Schritt in Richtung erfolgreiche, magische Arbeit getan. Dazu möchte ich Sie, als Leser, nun einladen: zu einer Reise in die Welt der Magie. Auf dieser Reise werde ich Ihnen das nötige Grundwissen vermitteln und das richtige Handwerkzeug bereitstellen, damit Sie am Ende grundlegend in der Lage sind, magisch zu wirken und Ihre Fähigkeiten ständig weiter auszubauen.

Wie Sie zu einer echten Hexe werden

Der Begriff Hexe ist bei den meisten Menschen wohl eher negativ besetzt und wird assoziiert mit alten Frauen, die Molchaugen, Fledermausohren und ähnlich obskure Zutaten in einem riesigen, brodelnden Kessel zu Zaubertränken mischen, mit denen sie andere Menschen dann verfluchen. In unserer modernen Welt gehören Hexen in das Reich der Sagen und Mythen und was das eben von mir heraufbeschworene Bild angeht, handelt es sich tatsächlich nur um Märchen. Hexen existieren, jedoch wurde der Begriff Hexe durch die Inquisition der katholischen Kirche in ein entsprechend schlechtes Licht gerückt. In Wahrheit waren Hexen – und sind es bis heute – schon immer vor allem eines: Kräuterkundige Frauen – hin und wieder waren es auch Männer –, die sich der Heilkunde verschrieben haben. Besonders zu Zeiten der Inquisition wandten die wenigsten der als Hexen beschuldigten Frauen tatsächlich Magie an und die wenigen Ausnahmen betrieben zum größten Teil weiße Magie. Heutzutage ist es kaum anders, Kräuterkunde ist immer noch ein wichtiger Bestandteil der „modernen Hexenkunst“, die meisten „modernen Hexen“ arbeiten jedoch auch magisch, allerdings weißmagisch. Dazu benötigen Sie keine angeborenen Zauberkräfte, denn wie wir im Vorwort bereits gesehen haben, verfügen wir alle über magische Fähigkeiten, die es lediglich zu trainieren gilt.

Deshalb habe ich mir mit diesem Buch zum Ziel gesetzt, Ihnen alles an die Hand zu geben, was Sie befähigt, echte magische Arbeit leisten zu können und sich so mit Recht als Hexe zu bezeichnen. Ritualanweisungen aus einem Buch ausführen kann jeder und für Anfänger bietet das sicher auch einen guten Einstieg, jedoch gehört zu wahrer Magie noch einiges mehr. Es benötigt vor allem ein solides Grundwissen, dem wir uns insbesondere in den ersten drei Kapiteln zuwenden werden. Im Kapitel „Magie als Grundlage der Existenz" erkläre ich zunächst, welche Art Magie schon immer Teil unser aller Lebens ist und wie Sie diese wahrnehmen können. Im nächsten Kapitel, „Die vielen Gesichter der Magie", befassen wir uns dann mit den unterschiedlichen Formen, in denen Magie praktiziert wird, und klären grundlegende Fragen über weiße und schwarze Magie. Danach begeben wir uns direkt in die Praxis der Grundlagen, indem wir uns mit Energiearbeit, Meditation, dem Energiekörper, magischen Hilfsmitteln, dem Aufbau eines Altars und der richtigen Vorbereitung auf die magische Arbeit beschäftigen. Bereits in diesen ersten Kapiteln erhalten Sie immer wieder nützliche Tipps zur praktischen Anwendung Ihres neuen Wissens sowie zahlreiche Übungen.

Sind die Grundlagen gemeistert, geht es ans Eingemachte, im Kapitel „Magie in der Praxis" erfahren Sie alles über die Lehre der Elemente, die Bedeutung der Astrologie innerhalb der magischen Praxis, Edelsteine, Pflanzen und vieles mehr. Magie ist viel mehr als nur eine Beschäftigung, der man hin und wieder nachkommt. Sie ist eine Lebenseinstellung und wird Ihre Lebensweise nachhaltig und auf sehr positive Art verändern, wenn Sie sich dafür öffnen. Besonders im Kapitel über den magischen Kalender wird dies sehr deutlich. Sie erhalten innerhalb dieses Buches eine Vielzahl an Vorschlägen für Rituale und Zauber, die Sie ganz einfach nachmachen können, und als kleinen Bonus erkläre ich im letzten Kapitel Schritt für Schritt, wie Sie eigene Zauber und Rituale entwickeln können, die tatsächlich funktionieren. Darüber hinaus soll Ihnen dieses Buch als umfassendes Nachschlagewerk dienen, indem Sie die Eigenschaften von Steinen und Pflanzen genauso finden wie Informationen über den Energiekörper und Tabellen zur Bestimmung des günstigsten Zeitpunkts für Ihre Zauber. Beginnen wir nun also endlich unsere Reise in die Welt der Magie.

Magie als Grundlage der Existenz

DIE GEHEIMNISVOLLE MAGIE DES ALLTAGS

Wer lernen möchte, erfolgreich magisch zu arbeiten, kommt nicht um den ersten Schritt herum: Magie in der Tiefe zu verstehen und sie zu fühlen. Deshalb wollen wir unsere Reise nun damit beginnen, dass ich Ihnen genau dieses Verständnis vermitteln möchte. Wenn ich sage, dass Sie in der Lage sein müssen, Magie zu fühlen, meine ich damit im Grunde nichts anderes als ein tiefes, echtes Verständnis. Echtes Verstehen findet nämlich auf zwei Ebenen statt, auf der rationalen und auf der emotionalen. Wenn Sie als Kind Fahrradfahren lernen, dann nützt Ihnen das rein theoretische Wissen darüber, wie das funktioniert, überhaupt nichts. Es stellt lediglich eine Hälfte dessen dar, was Sie benötigen, um tatsächlich Fahrrad fahren zu können. Ihre Eltern haben Ihnen vorher erklärt, wie Sie auf das Fahrrad steigen, in die Pedale treten und ihr Gleichgewicht halten müssen. Doch an diesem Punkt haben Sie nur einen Teil der Gleichung verstanden. Erst wenn Ihr Körper die erforderlichen Bewegungen ausreichend trainiert hat, können Sie wirklich fahren. An diesem Punkt müssen Sie nicht mehr darüber nachdenken, wie man Fahrrad fährt, Sie tun es einfach. Das Wissen ist von der rationalen, geistigen Ebene auf die körperliche, emotionale Ebene gesackt, es wurde integriert.

Diese Art des Verstehens ist die Grundlage für die erfolgreiche Anwendung jedweder Fähigkeit, die Magie macht da keine Ausnahme. In der Magie ist es sogar so, dass das emotionale Verstehen viel wichtiger ist als der Teil, der sich aus rationalem Wissen speist. Magie lebt von Emotionen, denn durch diese wird sie aktiviert und mit einer Intention versehen. Dabei bestimmt die Intensität der Emotion die Stärke der Wirkung. Um erfolgreich magisch arbeiten zu können, muss man deshalb auch mit seinen Gefühlen in Kontakt stehen und in der Lage sein, sie zu kontrollieren. Ich möchte nun anhand einiger Beispiele aufzeigen, wie Magie in unserem Alltag wirkt, ohne dass wir uns dessen bewusst sind. Auf diese Art wird es Ihnen ermöglicht, intuitiv die Magie zu erkennen, die Ihr eigenes Leben durchzieht und prägt. Diese Magie, die Ihr Leben bestimmt, mag positiv oder negativ sein, das hängt einzig von Ihren individuellen Lebensumständen ab. Doch wenn Sie diese identifizieren und spüren können, dann können Sie auch damit arbeiten und sie gezielt in bestimmte Richtungen lenken.

Am häufigsten begegnet uns Magie im Alltag in Form von Telepathie, also der Übertragung von Gedanken von einem Menschen zum anderen. Sie kommen nach einem langen Arbeitstag nach Hause und verspüren schon seit Stunden großen Appetit auf ein ganz bestimmtes Essen. Bei Ihrer Ankunft stellen Sie fest, dass Ihr Partner „zufällig" genau dieses Essen zubereitet hat, ohne dass er über Ihren Wunsch Bescheid wusste. Viele Eltern kennen das Phänomen, dass sie beim Einkaufen spontan an ein bestimmtes Gericht denken, für das sie die Zutaten dann ungeplant einkaufen. Bei der Rückkehr nach Hause werden sie dann meist von ihren Kindern begrüßt, die ihnen mitteilen, dass sie Appetit auf ein ganz bestimmtes Gericht haben – eben jenes, das ihnen beim Einkaufen plötzlich in den Sinn kam. Hunde- und Katzenbesitzer, die nicht allein leben, kennen häufig ein weiteres Phänomen: Sobald der Mensch seine Arbeitsstelle verlässt und sich auf den Heimweg macht, wird das Tier zu Hause unruhig und bezieht seinen „Warteplatz". Dieser ist bei Hunden meist vor der Haustür, bei Katzen eher auf einem Fensterbrett mit Blick auf den Parkplatz oder Wohnungseingang. Dort bleiben die Tiere dann, bis ihre Menschen zu Hause ankommen. Bleibt nun während der Abwesenheit des einen Menschen ein weiterer zu Hause, kann er sehr schön beobachten, wie das Tier sich ab einem bestimmten Zeitpunkt auf die Rückkehr der Person einstellt. Dieser Zeitpunkt kann nun abgeglichen werden, was so gut wie immer dazu führt, dass sich der Eindruck bestätigt: Die Tiere sind scheinbar mit ihren Menschen verbunden und „spüren" irgendwie, was beim anderen gerade geschieht, auch wenn dieser nicht anwesend ist.

Der Grund, warum solche telepathischen Phänomene als Magie bezeichnet werden, liegt in der Form von Telepathie, die hier zum Tragen kommt. Wenn Sie an jemanden denken, nehmen Sie auf Ebene der Quanten automatisch Kontakt zu dieser Person auf. Das ist, als würden Sie diese Person anrufen und mit ihr sprechen, nur ist Ihnen das nicht bewusst. Alles, was Sie nun denken, sagen Sie der Person auch tatsächlich. Der Inhalt Ihrer Botschaft kommt beim anderen auch an, im Grunde meist sogar „Wort für Wort", wird in den allermeisten Fällen jedoch für eigene Gedanken gehalten. Trotzdem reagiert die Person in irgendeiner Weise so darauf, wie man auch auf tatsächlich eigene Gedanken und Impulse reagieren würde. Man trifft eine Entscheidung basierend auf dem Gedanken oder Impuls. Dieser Vorgang lässt sich auf jedes einzelne der eben genannten Beispiele übertragen:

Sie denken während Ihrer Arbeit immer wieder einmal an Ihren Partner, „rufen" ihn also auf unbewusster Ebene an. Da Ihnen dies nicht bewusst ist, wandern Sie in Gedanken weiter, zu anderen Themen, während die Verbindung zu Ihrem Partner aber immer noch geöffnet ist und weiterhin Informationen austauscht. Ihre Gedanken wandern nun zu Ihrem Essenswunsch, da Ihr Magen gerade knurrt. Dieser Vorgang wiederholt sich einige Male während des Tages. Ihr Partner auf der anderen Seite hat Ihre „geistigen Anrufe" empfangen, ebenfalls ohne, dass es ihm bewusst gewesen wäre. Er musste mehrmals am Tag plötzlich spontan an Sie denken und aus irgendeinem Grund verspürte er plötzlich einen Heißhunger auf ein bestimmtes Gericht. Der Rest ist Geschichte. Was wir hier haben, ist eine harmonische telepathische Kommunikation, denn unabhängig davon, ob es den Beteiligten bewusst ist oder nicht, haben sie sich einander mitgeteilt und ihre jeweiligen Bedürfnisse offengelegt. Beide haben Wege gefunden, diesen Bedürfnissen zu entsprechen, der Zweck der Kontaktaufnahme wurde also erfüllt. Es hätte aber auch anders ablaufen können und in der Regel tut es dies leider auch. Der Partner hätte zum Beispiel auch entscheiden können, bereits tagsüber etwas zu essen, so dass es am Abend für beide Seiten weniger harmonisch und erfreulich abgelaufen wäre.

Die Auswirkungen dieser Alltagsmagie in Form unbewusster, telepathischer Kommunikation mögen gemessen an den einzelnen, genannten Beispielen eher gering erscheinen, dies täuscht jedoch gewaltig. An dieser Stelle unterschätzt man einfach, wie viele zwischenmenschliche Beziehungen wir in der Regel haben und wie häufig wir an all diese Menschen denken. Die Lebensqualität, die wir empfinden, steht und fällt schließlich mit der Qualität unserer Beziehungen. Beziehungen, die auf Liebe, Wertschätzung und Respekt basieren, schaffen gegenseitigen Raum für Wachstum, Fülle und Erfolg. In solchen Beziehungen verhalten sich alle Beteiligten auf eine Weise, die dem anderen möglichst entgegenkommt. Da dies eben nicht einseitig ist, profitieren auch beide an der Beziehung Beteiligten und erleben dies durch erhöhte Zufriedenheit, mehr einfache Glücksmomente und das Gefühl von Sicherheit und Stabilität. Diese Art von Beziehung ist jedoch selten geworden, denn sie erfordert Arbeit und Selbstreflexion. Werden Beziehungen jedoch nicht von diesem Fundament getragen, sind auch ihre Auswirkungen auf uns geprägt von der Energie, die diese Beziehung ausmacht. Ich würde so weit gehen, zu behaupten, dass die direkten Auswirkungen unserer Beziehungen auf unser Leben unser Lebensgefühl zu einem sehr hohen Anteil prägen. Durch diese Tatsache gewinnt die alltägliche Magie in Form unbewusster, telepathischer Kommunikation plötzlich einen sehr hohen Einfluss auf uns. Dabei spielt es keinerlei Rolle, ob man sich dessen bewusst ist oder überhaupt an Telepathie und Magie glaubt. Da alles mit allem verbunden ist, hat jeder Gedanke eines jeden Menschen auch einen Einfluss auf andere.

Deshalb sollten wir unser Interesse und unsere Aufmerksamkeit zukünftig verstärkt auf diese Form der Alltagsmagie lenken, denn es handelt sich hier um die Grundlage jeglicher magischen Schule. Alles ist mit allem verbunden, wir sind Teil eines gigantischen Netzwerks und so, wie wir Teile dieses Netzwerks beeinflussen, werden wir auch von anderen Teilen selbst beeinflusst. Streben wir aber magische Kontrolle an, müssen wir zunächst lernen, uns von diesen Einflüssen zu isolieren und abzuschirmen. Dazu gehört vor allem, sich der negativen magischen Einflüsse im eigenen Leben bewusst zu werden. Damit sind nicht nur die magischen Einflüsse gemeint, die auf Sie wirken, sondern auch jene, die durch Sie wirken. Denn die oben beschriebenen Beispiele lassen sich auch umdrehen. Denken Sie jetzt bitte einmal an einen Menschen, der Ihnen etwas angetan hat. Dies könnte zum Beispiel ein ehemaliger Partner sein, der sie betrogen hat. Welche Gedanken kommen in Ihnen auf, wenn Sie an diesen Menschen denken? Machen Sie sich bewusst: Jedes einzelne Wort kommt beim anderen an und wird als eigene Gedanken wahrgenommen. Wenn Sie denken, „XY ist ein schlechter Mensch, er hat keine erfüllende Beziehung verdient", denkt XY das auch und wird sich dementsprechend verhalten. Dies soll keine Rechtfertigung für negatives Benehmen anderer Menschen sein, genauso wenig möchte ich damit aussagen, Sie hätten kein Recht, wütend zu sein. Sie schaden sich selbst jedoch weit mehr mit negativen Gedanken über andere Menschen als der betreffenden Person.

Um dies zu verstehen, müssen Sie wissen, dass die Übertragung von Impulsen in unserem Gehirn elektromagnetisch abläuft. Es existieren insgesamt fünf Frequenzzustände, die das Gehirn einnehmen kann: Der Alpha-Zustand entspricht einem entspannten Wachbewusstsein ohne analytische Gedankentätigkeit, wie zum Beispiel kurz nach dem Aufwachen. Der Beta-Zustand, in dem wir die meiste Zeit des Tages verbringen, entspricht dem normalen Wachbewusstsein, indiziert aber auch Stress. Gedanken sind ungeordnet und laufen im Autopilotmodus ab. Den Theta-Zustand nehmen wir kurz vor dem Einschlafen, während der Traumphasen und im Halbschlaf ein und sobald wir in den Tiefschlaf sinken, erreichen wir den Delta-Zustand. Darüber hinaus existiert noch der Gamma-Zustand, den wir bei höchster Konzentration und manchmal innerhalb der Meditation erreichen. Genauso weist auch jeder Gedanke eine bestimmte Frequenz auf, die hoch- oder niedrigschwingend sein kann. Liebe, Respekt, Empathie, Wertschätzung, Freundlichkeit, all diese Grundemotionen sind hochschwingend und bringen ebensolche Gedanken hervor. Wut, Hass, Angst, Missgunst und Neid sind sehr niedrigschwingende Emotionen, die niedrigschwingende Gedanken erzeugen. Die Qualität der Schwingung Ihrer Gedanken wirkt sich jedoch auf Ihr System aus, dabei ist es unerheblich, ob es sich um Gedanken über andere Menschen oder über Sie selbst handelt.

> **System** bezeichnet im Kontext dieses Buchs die Gesamtheit aus Körper, Seele, Geist und dem direkten Umfeld eines Menschen, innerhalb dessen Wechselwirkungen zwischen dem Menschen und seinen Mitmenschen auftreten.

Je niedriger diese Schwingung ist und je häufiger dies der Fall ist, desto mehr werden Ihre Seele, Ihr Geist und schlussendlich auch Ihr Körper dadurch in Mitleidenschaft gezogen. Wenn Ihr System derart beeinträchtigt ist, beeinträchtigt dies auch Ihre Fähigkeit, magisch zu wirken. Ein Mensch ist nur dann in der Lage, weiße Magie zu praktizieren, wenn er durch die grundmagischen Auswirkungen zwischenmenschlicher Verbindungen nicht negativ beeinträchtigt wird. Sie müssen also lernen, in Ihrem Geist eine Art „leeren Raum“ zu erschaffen, in dem Sie sich gedanklich und emotional bewegen können, ohne dabei ungewollte Verbindungen zu anderen aufzubauen. Genauso dürfen die Gedanken anderer Sie ebenfalls nicht erreichen, wenn Sie sich in diesem geistigen Raum befinden. Im Kapitel „Der geistige Raum der Leere“ werde ich eine Technik vorstellen, mit der sich dieser Zustand erreichen lässt.

Damit kommen wir nun zur Unterteilung der Magie in **schwarze und weiße Magie**. Im Grunde ist Magie zwar neutral, doch je nach Intention und Schwingung sind ihre Auswirkungen entweder positiv oder negativ. Diese Auswirkungen in ihrer Komplexität vorher realistisch einschätzen zu können, ist jedoch nicht so einfach, wie es erscheint. Sicher kennen Sie das Sprichwort „Der Weg zur Hölle ist mit guten Absichten gepflastert“. Dies bringt sehr deutlich zum Ausdruck, wie man sich trotz bester Absichten und vermeintlich positiver Intention im Bereich der Magie sehr schnell auf dunklen Pfaden wiederfinden kann. Stellen Sie sich vor, Sie hätten eine Freundin, deren größter Wunsch es ist, mit ihrem Partner ein Kind zu bekommen, sie wird jedoch einfach nicht schwanger und ist entsprechend verzweifelt. Sie wissen, dass diese Freundin nichts von Magie hält, weshalb Sie sie nicht fragen können, ob Sie es mit einem Fruchtbarkeitszauber versuchen dürfen. Deshalb entscheiden Sie, es einfach ohne das Wissen Ihrer Freundin zu tun, schließlich erfüllen Sie ihr damit einen Herzenswunsch und was kann daran schon schlecht sein? Der erste und grundlegende Punkt, der diesen Fruchtbarkeitszauber zu einem schwarzmagischen Akt machen würde, ist der, dass Sie ihn gegen den Willen Ihrer Freundin ausüben. Auch wenn Sie es lediglich ohne deren Wissen tun, fällt dies in die Kategorie „gegen ihren Willen", denn schließlich setzt Wille Bewusstsein voraus. Es existieren in diesem Beispiel jedoch noch zahlreiche andere Fallstricke, denn jede Schwierigkeit und jede Herausforderung in unserem Leben sind als Lernaufgabe zu betrachten, die der Entwicklung unserer Persönlichkeit dient. Möglicherweise ist Ihre Freundin nicht beim für sie richtigen Partner und durch Ihr magisches Eingreifen wird sie nun schwanger und bleibt an diesen Partner gebunden. Es ist unmöglich, die negativen Auswirkungen, die dies auf das Leben Ihrer Freundin haben könnte, abzuschätzen! Deshalb ist die Einteilung in Gut und Böse nicht so einfach vorzunehmen, wie es erscheint. Versucht man es mit dem Grundsatz „Was anderen hilft, ist gut, was anderen schadet, ist schlecht", hat man ebenfalls nichts gewonnen, denn was für den einen gut ist, kann anderen schaden. Stellen Sie sich vor, ein Freund bewirbt sich auf eine Arbeitsstelle, bei der es sehr viele Konkurrenzbewerber gibt. Sie helfen diesem Freund nun magisch, die Stelle zu bekommen, und tun dies mit seiner Einwilligung.

Durch Ihr magisches Eingreifen bekommt er den begehrten Job, Sie haben ihm also geholfen. Klingt doch nach bester, weißer Magie, oder etwa nicht? Was ist nun aber mit den anderen Bewerbern für diesen Job? Man könnte nun argumentieren, dass ohnehin nicht jeder Bewerber diese Stelle hätte bekommen können, weshalb hier kein tatsächlicher Schaden angerichtet wurde. Doch was ist, wenn ohne Ihr Eingreifen jemand anders die Stelle bekommen und dies sein Leben besonders positiv beeinflusst hätte? Damit hätten Sie dieser Person eindeutig erheblich geschadet. Es mag nun den Anschein erwecken, dass es beinahe unmöglich ist, nur weiße oder nur schwarze Magie zu praktizieren, und tatsächlich ist dies auch so, wenn man vollkommen ehrlich an die Sache herangeht. Dadurch stellt sich natürlich die Frage, ob das Praktizieren jedweder Form von Magie überhaupt ratsam ist, denn jedem Schüler der Magie und selbst jedem Meister werden immer wieder auch Fehler unterlaufen. Da man niemals alle Einfluss nehmenden Faktoren sehen kann, wird man früher oder später auch einmal ungewollten Schaden verursachen. Hier haben wir es gewissermaßen mit einem unlösbaren, moralischen Dilemma zu tun. Magie ist jedoch die Grundlage der Existenz, weshalb streng genommen jegliche Handlung oder sogar jeder Gedanke eine magische Handlung ist. Das bedeutet, es ist ohnehin nicht möglich, keine Magie zu praktizieren. Deshalb ist es weitaus besser, ein bewusstes Studium der Magie zu beginnen und aus den Fehlern, die wir alle ohnehin machen, tatsächlich zu lernen. Kein Mensch lebt sein Leben, ohne jemals irgendwem zu schaden, leider ist dies ebenso unmöglich, wie keine Magie anzuwenden. Wer sich aber dem Studium der Magie widmet, wird sich der großen Verantwortung, die wir alle gegenüber der Welt tragen, immer deutlicher bewusst. So lässt sich ein Weg einschlagen, der es dem Individuum ermöglicht, über sich selbst hinauszuwachsen und seiner Verantwortung so mehr und mehr gerecht zu werden. Auf diese Art wird es möglich, sich zumindest grundlegend auf einem der beiden Pfade der Magie zu bewegen. Die Voraussetzung dafür ist, das eigene Schwarz-Weiß-Denken aufzulösen und über den Tellerrand schauen zu können. Die Bestimmung von Gut und Böse unterliegt immer gesellschaftlichen und religiösen Werten und Normen, weshalb dabei ein sehr subjektives Gut und Böse entsteht. In Indien werden Kühe als heilig betrachtet, deshalb ist es eine große Sünde, diesen Tieren Leid zuzufügen oder ihnen zu schaden. Kühe führen dort ein sehr freies und angenehmes Leben, sie dürfen nicht geschlachtet werden. In der westlichen Welt siechen diese Tiere jedoch in Massentierhaltung vor sich hin und finden ein zumeist grausames Ende beim Schlachter. Trotzdem ist diese Form der Nutzung von Kühen gesellschaftlich akzeptiert, auch wenn diese glücklicherweise inzwischen kritischer betrachtet wird.

Doch was ist denn nun richtig und falsch, Gut und Böse? Darf man sich Kühe nutzbar machen und sie essen oder ist dies grundlegend falsch? Wer will darüber bestimmen? Ein anderes Beispiel finden wir im Akt des Selbstmords. Sich selbst zu töten, gilt in den allermeisten Religionen, besonders dem Christentum, als Sünde. Auch die meisten Kulturen empfinden Selbstmord als falsch, weshalb dieser in vielen Ländern als Straftat gilt. Die japanische Volksreligion, der Shintoismus, sieht dies jedoch genau gegenteilig. Hier wird die Selbsttötung als etwas Ehrenhaftes empfunden und sogar ritualisiert. Dies zeigt nun, dass die Entscheidung über Gut und Böse vor allem von der Perspektive abhängt, die dabei eingenommen wird. Was können wir aber nun aus diesen Beispielen gewinnen, wenn es um die Frage nach weißer und schwarzer Magie geht? Ich denke, diese Bezüge bieten uns vor allem eines: eine erweiterte Perspektive. Diese lässt uns erkennen, dass wir gar nicht in der Lage sind, die Konsequenzen unserer Handlungen immer vollständig überblicken zu können. Das wiederum schützt uns davor, überheblich zu werden und unsere durch die Magie gewonnene Macht zu missbrauchen. Somit zeichnet sich weiße Magie meiner Ansicht nach nicht allein dadurch aus, dass wir niemandem Schaden zufügen. Wahre weiße Magie erfordert eine besondere Lebensweise, die man auch als den Weg der Bewusstheit bezeichnen könnte.

Wie wir nun gesehen haben, ist Magie sehr komplex. Sie ist die Grundkraft der Existenz, gleichzeitig ein Werkzeug und für all jene, die sich Magie zunutze machen wollen, ist sie auch eine Lebenseinstellung. Deshalb sollte die magische Praxis ernst genommen und mit aller Sorgfalt ausgeübt werden. Dazu gehört an erster Stelle, die eigene Kompetenz aufzubauen, die ein weißmagisches Wirken überhaupt ermöglichen kann. Neben dieser Persönlichkeitsarbeit gehört zur Magie jedoch auch eine Menge an theoretischem und grundlegendem Wissen, dem wir uns in den folgenden Kapiteln zuwenden werden. Dabei werden wir immer auch die praktische Anwendung dieses Wissens mit einbeziehen.

Wie Sie lernen, Alltagsmagie kontrolliert anzuwenden

Telepathie kontrolliert anwenden zu lernen, wird viele Jahre dauern und sollte deshalb regelmäßig geübt werden. Auch wenn die vollständige Kontrolle eine Art Lebensziel ist, so ist es doch möglich, relativ schnell nachweisbare Fortschritte darin zu erzielen. Konzentrieren Sie sich dafür zu Beginn auf den Menschen, zu dem Sie die engste Verbindung und das größte Vertrauensverhältnis haben. **Je enger die Verbindung zu einem Menschen ist, desto stärker ausgeprägt ist auch die Telepathie zwischen beiden**, und damit ist diese einfacher zu identifizieren. Alles, was Sie tun müssen, ist, Ihre alltäglichen Gedanken aufmerksamer zu beobachten. Jedes Mal, wenn Sie an die bestimmte Person denken, halten Sie kurz inne und überlegen Sie, wie Sie auf diesen Gedanken gekommen sind. **Ziel ist es, herauszufinden, ob der Gedanke an die Person tatsächlich von Ihnen kam.** Wenn Sie klar nachvollziehen können, durch welche vorigen Gedanken Ihre Aufmerksamkeit plötzlich zu der Person gewandert ist, war es mit hoher Wahrscheinlichkeit Ihr eigener Gedanke. Sind Sie jedoch unsicher, wie Sie darauf kamen, an die Person zu denken, oder ist diese Ihnen geradezu in die Gedanken „gehüpft", kam der Gedanke höchstwahrscheinlich von der anderen Person. Das bedeutet, dieser Mensch hat gerade an Sie gedacht.

Jedes Mal, wenn Sie das Gefühl haben, der Gedanke kam nicht von Ihnen selbst, notieren Sie sich Datum, Uhrzeit und Inhalt des Gedankens. Auf diese Art können Sie bei der anderen Person hinterfragen, ob diese zu dem Zeitpunkt tatsächlich an Sie gedacht hat. Am effektivsten ist diese Übung, wenn die andere Person auf gleiche Art und Weise verfährt, also ebenfalls ihre Gedanken beobachtet und sich notiert, wenn sie glaubt, einen Ihrer Gedanken aufgefangen zu haben.

Doch selbst dann, wenn Sie diesen Menschen nicht direkt in die Übung einbeziehen können, zum Beispiel, weil die Person nicht an Magie glaubt, können Sie auf diese Art immer wieder feststellen, ob Sie richtig lagen. Mit der Zeit entwickelt sich so ein immer besseres Gefühl dafür, welche Gedanken die eigenen sind und welche von außen kommen.

Eine andere Möglichkeit, Telepathie zu üben, findet sich **im Umgang mit Haustieren.** Alle Tiere sind grundsätzlich empfänglich für telepathische Kommunikation, dabei ist es unerheblich, ob diese unsere Sprache verstehen. Auch wenn Sie in Worten denken, kommt die Botschaft beim Tier auf eine verständliche Art und Weise an. Noch effektiver funktioniert die Kommunikation mit Tieren allerdings, wenn Sie in Bildern denken. Stellen Sie sich bildlich vor, was Sie Ihrem Tier mitteilen wollen. So können Sie sich vorstellen, wie Ihr Hund sich hinsetzt oder zu Ihnen kommt, oder Sie rufen Ihre Freigänger-Katze das nächste Mal telepathisch nach Hause. Erfahrungsgemäß reagieren Katzen am stärksten auf Telepathie und wenden diese auch häufig auf uns an.

Die vielen Gesichter der Magie

Die Kunst der Magie kommt in unendlich vielen Formen daher, denn da Magie die Grundlage der Existenz ist, kann sie sich auch alles zunutze machen. Die Vielzahl der menschlichen Kulturen und Religionen hat dabei eine große Rolle gespielt, unterschiedliche Arten von Magie entstehen zu lassen. So hat zum Beispiel von Voodoo-Magie jeder schon einmal gehört. Hier werden unter anderem Puppen angefertigt, die als Stellvertreter für eine Person dienen und mit dieser verbunden sind. Tatsächlich hat jede Kultur und jede Religion ihre eigene Form von Magie, die auf unterschiedlichen Glaubensvorstellungen basiert und verschiedene Ziele hat.

Grundlegend lässt sich Magie jedoch erst einmal einteilen in drei verschiedene Richtungen: den **Pfad der linken Hand, der schwarze Magie bezeichnet**, **den Pfad der rechten Hand, der weiße Magie bezeichnet**, und den **Pfad der leeren Hand**. Diese dritte Form der Magie wird auch als Hochmagie oder Geistmagie bezeichnet, denn sie bedient sich keinerlei Hilfsmittel außer der Kraft der Gedanken. Alle weiteren Formen der Magie lassen sich somit einteilen in die Kategorien schwarz oder weiß, dabei bedienen sie sich lediglich unterschiedlicher Hilfsmittel. In diesem Buch werden wir uns mit der Magieform beschäftigen, die auch als **Wicca** bezeichnet wird und der **weißen Magie zuzuordnen** ist. Deshalb möchte ich nun zu Beginn erklären, was es mit diesem Begriff auf sich hat.

Die Bezeichnung Wicca entstand zu Beginn des 20. Jahrhunderts, dabei versteht Wicca sich als Teil der neopaganistischen Bewegung. Der Paganismus ist in Deutschland vor allem als Heidentum bekannt und bezeichnet die Religion der alten Kelten, Germanen und Wikinger. Es ist eine Naturreligion, innerhalb der vielfache Göttergestalten genauso verehrt werden wie die Natur selbst. Auch die Geister der Ahnen spielen hier eine wichtige Rolle, denn von ihnen erhalten die Gläubigen Beistand, Rat und Führung. Der Paganismus, der Schamanismus und die Wicca-Religion sind somit eng miteinander verwandt. In allen drei Glaubensrichtungen wird Magie auf unterschiedliche Arten praktiziert, wobei nicht jeder Anhänger automatisch auch magisch arbeitet. Die Anhänger des Wicca-Glaubens bezeichnen und verstehen sich selbst als Hexen und haben sich ausschließlich dem Guten verschrieben. Dabei gehören persönliches Wachstum und Transformation sowie ein tiefergehendes Verständnis der Existenz zu den wichtigsten Zielen, für die Magie angewendet wird. Das höchste Streben eines Wicca-Anhängers besteht in der **Verschmelzung mit dem Göttlichen.** Aber auch **Heilung, Schutz der Natur und der Liebsten** sowie die **Verbesserung der persönlichen Lebensumstände** gehören zu den Zielen der Anwendung von Magie.

Die wohl größte Besonderheit, die diese Form der Magie auszeichnet, findet sich darin, dass sie ein Teil der Chaosmagie ist. Möglicherweise haben Sie bereits von Chaosmagie gehört und halten diese für schwarze Magie, denn ihr haftet ein teilweise eher negativer Ruf an. Dies ist jedoch vollkommen unbegründet und allein aus Unwissen entstanden, da der Name ein wenig irreführend ist. Unter Chaosmagie wird einfach jegliche Form der Magie verstanden, die keinerlei Paradigmen unterliegt. Zur Ausübung von Magie wird sich aus sämtlichen Magierichtungen bedient, statt sich lediglich auf eine Form zu konzentrieren. So finden wir im Wicca Elemente der Ritualmagie, auch als zeremonielle Magie bekannt, der Kerzen- und Knotenmagie, der Sigillenmagie – mit der wir uns im Kapitel über Symbole noch näher befassen werden –, der Naturmagie und manchmal auch der Blutmagie sowie von vielen weiteren Arten von Magie. Keine dieser Magieformen ist als schwarzmagisch zu betrachten, denn wie bereits zu Beginn erklärt, ist Magie an sich neutral, die Intention bestimmt die Ausrichtung. Wicca-Magie ist also eine sehr freie Form der Magie, innerhalb derer alles erlaubt ist, solange es niemandem schadet. Deshalb benötigt es jedoch auch ein umfassendes Grundwissen über das Glaubenssystem der Wicca, um diese Magie praktizieren zu können.

Dazu gehören die Welt der Götter und Göttinnen, Wissen über heilende Kräuter und Edelsteine, die Elementenlehre, die heiligen Feiertage, die Zyklen des Mondes und vieles mehr. All diese Themen werden wir in den folgenden Kapiteln behandeln und dabei immer gleich einen Bezug zur Praxis herstellen. Auf diese Art können Sie das Gelernte sofort anwenden. Bevor wir uns jedoch der Praxis zuwenden, möchte ich zunächst noch die Grundsätze der Wicca-Magie näher beleuchten. Im vorigen Kapitel beschrieb ich die grundlegende Magie, die unser aller Leben beeinflusst. Diese findet sich vor allem auf Ebene unserer Beziehungen und keiner von uns könnte behaupten, dort nicht schon Fehler gemacht zu haben oder nur reine Harmonie vorzufinden.

Wer die Verantwortung, die weiße Magie mit sich bringt, tatsächlich annimmt, wird deshalb seine Gedanken jederzeit prüfen und sehr viel bedachter handeln, um so wenig Schaden wie möglich anzurichten. Dieses Prinzip bezieht sich eben nicht nur auf magische Handlungen, sondern auf das gesamte Leben. Deshalb kommen wir zum Abschluss dieses Kapitels nun zu den sogenannten „Hexenregeln" oder auch „Wicca-Regeln", die Sie als Grundlage magischer Arbeit auf unendlich vielen Webseiten finden werden. Ich werde Ihnen diese Grundregeln, die sich bereits aus diesem Kapitel ergeben, nun einmal vorstellen und kurz auf jede einzelne Regel eingehen:

1. Gesundheit ist die Basis von allem!

Gesundheit definiert sich nicht allein durch körperliche Gesundheit, sondern misst der psychischen Gesundheit ebenso viel Bedeutung zu. Nur wenn Körper, Geist und Seele im Einklang und in Harmonie miteinander sind, ist ein Mensch in der Lage, magische Kontrolle anzustreben. Deshalb lautet der erste Grundsatz für Schüler der Magie, nach diesem Zustand zu streben und ihm höchste Priorität beizumessen. Auch wer grundsätzlich keine gesundheitlichen Probleme hat, sollte sich hüten, Magie auszuüben, während er einmal krank ist, und sei es nur eine Erkältung. Wer krank ist, verfügt über eine niedrigere Schwingungsfrequenz, die sich negativ auf die Magie auswirkt.

2. Selbstreflexion ist Pflicht!

Seine eigene Intention realistisch und vor allem ehrlich einschätzen zu können, ist die Basis, um nicht ungewollt auf die Pfade dunkler Magie zu gelangen. Ehrlichkeit sich selbst gegenüber muss jedoch trainiert werden, was nur in regelmäßiger Selbstreflexion geschehen kann. Dazu gehört außerdem der ehrliche Wille, auch dann in den Spiegel zu sehen, wenn man dem eigenen Schatten begegnet. Wer seine eigenen, inneren Dämonen nicht kennt und ihnen ausweicht, riskiert, dass diese die ausgeübte Magie erheblich beeinflussen.

3. Meditation, Fasten und Energiearbeit gehören zur regelmäßigen Routine!
Meditation und Energiearbeit mit dem eigenen System sind in Kombination mit Selbstreflexion die Grundlage dafür, ein stabiles, inneres Gleichgewicht aufzubauen und zu erhalten. Fasten dient der Reinigung, vor allem der geistigen, und da wir in der Magie unseren Geist als Werkzeug nutzen, ist es nur logisch, ihn regelmäßig zu reinigen und zu trainieren.

4. Lebe authentisch und integer!
Magische Kontrolle auszuüben, bringt hohe Verantwortung mit sich. Dieser Verantwortung kann nur gerecht werden, wer seine eigene Wahrheit kennt und diese unter allen Umständen lebt. Die Stärke des eigenen Ichs bestimmt die Stärke der eigenen Magie, wer sich also ständig anderen Menschen oder den Umständen beugt und dabei seine eigene Wahrheit verleumdet, verfügt nicht über ausreichend Willenskraft.

5. Ehre die Natur und das Leben!
Wir alle kommen aus der Natur und vereinen uns im Tode wieder damit, wir sind nur ein kleiner Teil des Ganzen. Indem wir danach streben, unser Leben in Einklang mit der Natur zu führen, können wir Kraft und Energie aus dieser Verbindung ziehen. Dafür müssen wir uns bewusst sein, dass alles Leben heilig ist und alle Lebewesen im Grunde nach den gleichen Dingen streben: Liebe, Freiheit und Zufriedenheit. Auf diese Art verinnerlichen wir eine neue Grundeinstellung, innerhalb derer wir uns nicht mehr als von der Schöpfung getrenntes Individuum begreifen. Daraus entsteht wiederum die Grundlage für magische Kontrolle.

6. Worte haben Macht – auch Gedanken!
Wie sich Gedanken, und damit auch Worte, auf andere auswirken, haben wir bereits ausführlich besprochen. Deshalb ist es unerlässlich, die eigenen Gedanken und ausgesprochenen Worte einer gewissen Zensur zu unterziehen. Ziel sollte sein, sich eine gewaltfreie Kommunikation anzugewöhnen und die eigenen Gedanken so rein und hochschwingend wie möglich zu halten.

7. Respektiere den Willen anderer!

Hierbei handelt es sich um die wichtigste Grundlage der weißen Magie. Handele niemals gegen den Willen eines anderen Menschen, dies schließt auch mit ein, nichts ohne dessen Wissen zu tun. Auch wenn wir der Überzeugung sind, auf diese Art zu helfen, können wir die Folgen nicht einschätzen. Nur weil wir glauben, jemand wäre glücklicher oder gesünder oder hätte weniger Probleme, wenn etwas Bestimmtes geschieht, haben wir kein Recht, darüber zu entscheiden.

8. Heilung, Lernen und Wachstum enden nie!

Der Weg der Magie ist auch ein Weg der Persönlichkeitsentwicklung und erfordert beständiges Wachstum sowie die Heilung der eigenen, inneren Wunden und Konflikte. Wer auf diesem Weg stehenbleibt in dem Glauben, er hätte alles gelernt, alles geheilt und wäre nun ein Meister, gibt sich den Illusionen seines eigenen Egos hin und läuft nicht nur Gefahr, selbstgerecht zu werden. Magische Kontrolle kann nur dann erfolgreich angewendet werden, wenn sie aus einem Zustand reiner Bewusstheit angestrebt wird.

9. Liebe ist die Basis aller magischen Handlungen!

Es existieren nur zwei grundlegende Gefühle: Liebe und Angst. Alle weiteren Emotionen sind lediglich eine Ausdrucksform dieser beiden Grundgefühle. Freude, Wertschätzung, Respekt sowie Mitgefühl entstammen dem Spektrum der Liebe. Niedertracht, Neid, Missgunst, Hass, Abscheu und Ekel entstammen dem Spektrum der Angst. Deshalb sollte der erste Schritt in der Planung einer magischen Handlung immer darauf ausgelegt sein, die wahre Motivation dieser Handlung zu überprüfen. Entstammt diese Motivation dem Spektrum der Angst, würde die magische Handlung automatisch zu einer schwarzmagischen Handlung pervertieren.

Die ersten Schritte auf dem Weg der Magie

Bevor wir uns daran machen, tatsächliche Zauber und Rituale zu praktizieren, ist es unerlässlich, dass Sie sich mit den Grundlagen vertraut machen. Wer ein Werkzeug – in diesem Fall die Magie – effektiv nutzen möchte, muss zunächst lernen, wie es funktioniert und auf welche Art es anzuwenden ist. Magie wird durch die Kräfte Ihres Geistes erzeugt, geformt und gelenkt, deshalb müssen Sie lernen, mit Hilfe Ihres Geistes Einfluss zu nehmen. Dabei beginnen wir mit Ihrem eigenen Körper, dem grobstofflichen – also materiellen –, und dem feinstofflichen, also dem energetischen Teil Ihres Wesens. Wir begeben uns auch hier bereits mit vielen **Übungen und Meditationen** in die praktische Anwendung, bleiben jedoch noch bei den Grundlagen. Dazu gehören auch der richtige Aufbau eines Altars und die Nutzung verschiedener magischer Werkzeuge. Zu guter Letzt wenden wir uns den Themen Schutz und Reinigung zu, denn vor jeder magischen Arbeit sollten Sie in der Lage sein, sicherzustellen, dass keine unerwünschten oder negativen Energien Ihre Arbeit stören und beeinflussen können. Nach diesem Exkurs durch die magischen Grundlagen sind Sie definitiv bereit, sich in Ritualen und Zaubern auszuprobieren und somit effektiv magisch zu wirken.

DIE CHAKREN – ZUGANG ZUR FEINSTOFFLICHEN WELT

In der Magie arbeiten wir, grundsätzlich gesagt, immer mit Energien. Deshalb muss ein Schüler der Magie in der Lage sein, diese Energien nicht nur wahrzunehmen, sondern auch zu leiten. Diese Fähigkeiten müssen zunächst geschult werden und der beste Einstieg dafür ist der eigene Körper. Unser Körper existiert nämlich aus spiritueller Sicht nicht allein auf der physischen Ebene, sondern verfügt über eine Art energetisches Pendant: den Energiekörper, häufig auch als Astralleib bezeichnet. Dieser Energiekörper entspricht weit mehr unserem wahren Wesen als der physische, er ist der Teil von uns, der vor der physischen Existenz entsteht.

An dieser Stelle kommen die Chakren ins Spiel. Die Lehre von den Chakren ist tausende von Jahren alt und stammt aus dem alt-indischen Raum, von den sogenannten Veden. Es handelt sich dabei um **ein Konzept, welches im Grunde beschreibt, wie der physische und energetische Körper zusammenhängen**. Der Begriff Chakra stammt aus dem Sanskrit, der Sprache der Veden, und bedeutet übersetzt Rad, was die Form der Chakren beschreiben soll. Da es sich hierbei um ein sehr umfangreiches Thema handelt, zu dem bereits vielfältige Literatur existiert, werde ich mich hier auf die grundlegenden Informationen beschränken, die für eine magische Ausbildung relevant sind. Dennoch halte ich ein tiefergehendes Verständnis der Chakrenlehre für sinnvoll und empfehle Ihnen, sich zusätzlich zu diesem Thema zu belesen.

Die Chakren lassen sich am besten als die **Energiezentren unseres Körpers** bezeichnen, von denen unzählige in unserem Körper existieren. Auf physischer Ebene sind sie nicht nachweisbar, da sie natürlich zur energetischen Ebene gehören, jedoch findet sich überall da ein Chakra, wo im physischen Körper Nervenplexen sitzen. Ein Nervenplexus ist so etwas wie ein zentraler Knotenpunkt, an dem viele unterschiedliche Nervenbahnen zusammenlaufen und die energetischen Impulse, die durch diese Nervenbahnen laufen, koordiniert werden. Die Chakren sind so etwas wie die energetische Entsprechung dieser Nervenplexen oder anders gesagt: Sie sind die Nervenplexen unseres Energiekörpers. Dabei muss man sie als eine Art Schnittstelle verstehen, an der die hochschwingende Energie unseres Astralkörpers in eine niedriger schwingende Energie übersetzt wird.

Die Energie der materiellen Welt ist relativ schwer, niedrig schwingend und langsam, weshalb sie mit den Energien der feinstofflichen Welt nicht direkt kompatibel ist. Dafür existieren die Chakren, sie transformieren die hochschwingenden Energien des Astralkörpers, um sie auf die materielle Ebene zu übertragen. Auf diese Art entsteht der materielle Körper, der ein exaktes Abbild des energetischen Körpers ist. Das bedeutet dementsprechend, dass die Art und Weise, wie unser materieller Körper aufgebaut ist, vorgegeben wird durch unseren Energiekörper. Auf diese Art werden unbearbeitete Themen aus unseren Vorleben in das nächste Leben übertragen, da diese sich als energetische Information im Energiekörper anhaften.

Es handelt sich also bei den Chakren um **energetische Knotenpunkte, durch die Energie geleitet und verteilt wird.** Entlang unserer Wirbelsäule finden sich dabei sieben dieser Knotenpunkte, sowohl auf physischer Ebene als auch auf energetischer. **Diese sieben Hauptknotenpunkte kennen wir in der spirituellen Lehre als die sieben Hauptchakren, durch die unsere Lebensenergie fließt.** Sie werden deshalb als die sieben Hauptchakren bezeichnet, weil sie den sieben Hauptnervenplexen des Körpers entsprechen, die sozusagen die zentralen Knotenpunkte des Nervensystems entlang der Wirbelsäule sind. Die Energie fließt dabei in beide Richtungen durch die Chakren, von unten nehmen wir die Energie der Erde durch das erste Chakra, das Wurzel-Chakra, auf, wo sie dann nach oben durch die Chakren geleitet wird. Von oben nehmen wir die Energie des Kosmos durch das letzte Chakra, das Kronen-Chakra, auf, die dann nach unten durch die Chakren geleitet wird. Diese Energien werden in den Chakren transformiert, für unseren physischen Körper nutzbar gemacht und verteilt. Dazu ist es wichtig, zu wissen, dass jedem Chakra eine bestimmte Farbe zugeordnet wird, denn auch Farbe ist nichts anderes als Schwingung oder Frequenz. Das bedeutet, dass jedes einzelne Chakra einen anderen Frequenzbereich abdeckt. Sieht man sich einmal das Spektrum des natürlichen Lichts an, finden sich die sieben Farben des Regenbogens und jedes Chakra entspricht einer dieser Farben und damit einem dieser Frequenzbereiche. Diese Zuteilung ist dabei keinesfalls als willkürlich zu betrachten, denn das Spektrum des natürlichen Lichts deckt den gesamten Frequenzbereich ab, der in der irdischen Sphäre vom menschlichen Auge wahrgenommen werden kann. Chakren sind Energie und damit Licht und ihre Schwingung baut sich auf von niedrig zu hoch, was auch den Themenbereichen entspricht, die diesen zugeordnet werden und die wir uns im Folgenden genauer ansehen werden. Sind all diese Hauptchakren in einem gesunden oder naturgegebenen Zustand, fließt die Energie rein und unbeeinträchtigt hindurch, was zu einem gesunden Körper und Geist führt. Jedoch speichern sich sämtliche Erfahrungen, die wir im Laufe unseres Lebens machen, in den Chakren gewissermaßen ab und das führt häufig zu Problemen. Denn jede Erfahrung hat ebenfalls eine bestimmte Energie, die sich mit dem korrespondierenden Chakra verbindet. Dort beeinflusst sie dann die Energie, die durch das Chakra hindurchfließt, weshalb negative Erfahrungen zu sogenannten Chakra-Blockaden führen, die dann wiederum eine ganze Menge neuer Probleme nach sich ziehen. Deshalb sollte jeder Schüler der Magie sich zunächst mit diesem System beschäftigen, die eigenen Chakren erkunden und negative, blockierende Energien auffinden und transformieren. In der magischen Arbeit kommt die auslösende und lenkende Energie immer aus uns selbst und diese Energie ist immer nur so „rein" und hochschwingend, wie der Zustand unserer Chakren es erlaubt. Deshalb stelle ich nun die sieben Hauptchakren im Einzelnen vor und gebe Ihnen im Anschluss daran eine Technik an die Hand, um mit ihren Chakren gezielt arbeiten zu können.

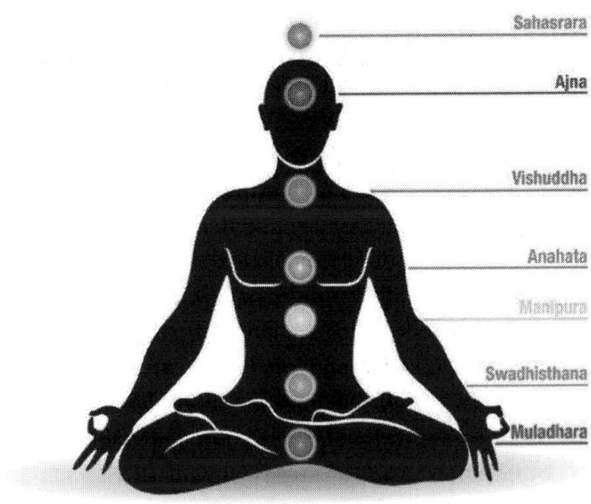

Das Wurzel-Chakra – Muladhara

Dieses Chakra finden Sie am unteren Ende Ihrer Wirbelsäule im Bereich der Genitalien. Dort ist es in etwa auf Position des Damms zu finden. Der Sanskrit-Name Muladhara dieses ersten unserer sieben Hauptchakren bedeutet übersetzt so viel wie **„Wurzel"** und darin findet sich bereits ein guter Hinweis auf seine Funktion. Es ist **zuständig für die Energieversorgung grundsätzlicher körperlicher Systeme**, wie Skelett, Haut und die unteren Extremitäten. Es hat außerdem einen Einfluss auf Blutbildung, Stresshormone und die Regulierung der Körpertemperatur. Die zentralen psychischen Themen des Wurzel-Chakras sind Stabilität, Urvertrauen, Instinkte und Erdung. Da das Wurzel-Chakra das erste und unterste der Chakren ist, schwingt es entsprechend der Farbe Rot. Deshalb sind alle roten Farbtöne hervorragend geeignet, um das Wurzel-Chakra zu stimulieren oder in Balance zu bringen. Dies kann erreicht werden durch den reinen Einsatz von Farbe, zum Beispiel in Form von Kleidung, Wandfarben oder Farben auf Bildern. Sie können die Wirkung jedoch noch verstärken, indem Sie mit entsprechenden Heilsteinen oder Pflanzen arbeiten, die dem jeweiligen Chakra zugeordnet sind. Die Zuordnungen entsprechen immer der Frequenz des Chakras und ich werde zu jedem Chakra die entsprechenden Heilsteine und Pflanzen angeben. Heilsteine lassen sich gut direkt auf das Chakra auflegen, um während der Energiearbeit oder Meditation unterstützend zu wirken. Pflanzen werden zur Unterstützung der Chakra-Arbeit am besten auf Kohle verräuchert und der Rauch wird über dem Chakra verwirbelt. So kann die Energie direkt vom Chakra aufgenommen werden.

Heilsteine für das Wurzel-Chakra

- Hämatit
- Rubin
- Granat
- Roter und brauner Achat

Heilpflanzen für das Wurzel-Chakra

- Ingwerwurzel
- Rosmarin
- Nelken
- Vetiverwurzel
- Holunder
- Baldrian
- Rosmarin
- Zedernholz

Das Sakral- oder Sexual-Chakra – Svadisthana

Das zweite der sieben Hauptchakren, das Sakral-Chakra, befindet sich auf Höhe des Kreuzbeines, einige Zentimeter unterhalb des Bauchnabels. Die Beckenregion mit den Unterleibs- und Geschlechtsorganen fällt in den Zuständigkeitsbereich dieses Chakras, von dem sie ihre Energie bezieht. Dadurch hat dieses Chakra **Einfluss auf die Entgiftungsvorgänge im Körper genauso wie auf den Blutkreislauf,** besonders aber auf das hormonelle System. Aus diesem Grund wird das Sakral-Chakra auch häufig als Sexual-Chakra bezeichnet, denn es stellt das Zentrum unserer sexuellen und kreativen Energie dar.

Der Sanskrit-Name Svadisthana bedeutet übersetzt **„Sitz des Selbst"** und gibt Aufschluss über die weiteren Themen und Aufgaben dieses Chakras. Unter dem Begriff „Selbst" ist in diesem Fall das Ego des Menschen zu verstehen und das sitzt, nach Auffassung der alten Veden, dort, wo es entsteht. Da im Sakral-Chakra die sexuelle Energie entspringt, wird es so zur Geburtsstätte neuen Lebens und somit auch des menschlichen Egos. Dementsprechend gehören auch Selbstbewusstsein und Ich-Stärke zu den Themen dieses Chakras, aber auch die Emotionen. Die Farbe, die dem Schwingungsbereich dieses Chakras entspricht, findet sich auf der nächsten Stufe der natürlichen Farbskala: Orange.

Heilsteine für das Sakral-Chakra

- Goldtopas
- Jaspis
- Hyazinth
- Mondstein
- Karneol
- Bernstein

Heilpflanzen für das Sakral-Chakra

- Petersilie
- Brennnessel
- Schafgarbe

Das Solarplexus-Chakra – Manipura

Das Solarplexus-Chakra finden Sie direkt über Ihrem Bauchnabel, an derselben Stelle wie das gleichnamige Nervengeflecht. Sein Sanskrit-Name lässt sich frei übersetzen mit **„Das Juwel der Stadt"**, was zunächst ein wenig kryptisch anmuten mag. Zu verstehen ist dieser Name natürlich im metaphorischen Sinn, die Stadt ist der Körper und das Juwel ist das, was den Körper belebt. Das macht das Solarplexus-Chakra zum **Sitz der Lebensenergie** und verleiht ihm dementsprechend wichtige Aufgaben. So **versorgt es sämtliche an der Verdauung beteiligten Organe mit Energie** und hat zusätzlich eine regulierende Funktion für das vegetative Nervensystem, welches für die unbewussten, lebenssichernden Körpervorgänge wie Atmung und Herzschlag zuständig ist. Dieses Chakra nimmt eine vermittelnde Funktion ein zwischen dem vorigen, also dem Sakral-Chakra, und dem folgenden, dem Herz-Chakra.

Im Sakral-Chakra wird das Ego geboren, im Solarplexus-Chakra wird es durch das Potenzial zur Reife über die Instinktebene hinaus erweitert. Deshalb ist die Verarbeitung von Emotionen auf rationaler Basis das Hauptthema des Solarplexus-Chakras, aber auch unsere Intuition entsteht dort. Hier beginnt die Vorbereitung zur Entwicklung eines höheren Bewusstseins, die im Herz- und Stirn-Chakra fortgesetzt wird. Die Farbe dieses Chakras entspricht der nächsten Farbe des Regenbogens: ein sonniges Gelb. Da die Sonne unser aller Lebensspender ist und das Solarplexus-Chakra genau in der Frequenz dieser Farbe schwingt, lässt sich leicht nachvollziehen, weshalb es als Sitz der Lebensenergie betrachtet wird.

Heilsteine für das Solarplexus-Chakra

- Gelber Jaspis
- Edeltopas
- Tigerauge
- Citrin

Heilpflanzen für das Solarplexus-Chakra

- Kamille
- Wacholder
- Fenchel
- Ringelblume

Das Herz-Chakra – Anahata

Das Herz-Chakra stellt unser **energetisches und spirituelles Zentrum** dar. Es ist das mittlere der sieben Hauptchakren und repräsentiert die Grenze zwischen den niederen Emotionen und Trieben sowie den höheren, geistigen Funktionen. Damit nimmt es vor allem eine transformierende Funktion ein, denn sein Thema ist die reine, bedingungslose Liebe. Sämtliche von den unteren Chakren kommenden Energien passieren das Herz-Chakra und werden dabei durch die Energie dieser Liebe transformiert und angehoben. Zu finden ist dieses Chakra in der Mitte des Brustkorbs, auf Höhe des anatomischen Herzens. Sein Sanskrit-Name Anahata lässt sich übersetzen mit **„Reinheit"**.

Die Bedeutung dieses Chakras ist elementar, denn ist das Herz-Chakra durch negative Erfahrungen im Zusammenhang mit Liebe geprägt, wird seine Reinheit dadurch erheblich beeinträchtigt. Dies hat wiederum auch Auswirkungen auf die nachfolgenden, geistigen Funktionen. Je verunreinigter das Herz-Chakra ist, desto weniger werden geistige Vorgänge auf Basis bedingungsloser Liebe stattfinden, desto mehr Raum entsteht für Ängste, Wut, Aggressionen und Gefühlskälte. Körperlich **versorgt** dieses Chakra **sämtliche im Brustkorb befindlichen Organe mit Energie**, außerdem reguliert es Immunsystem und Wachstumsfunktionen und gemeinsam mit dem Wurzel-Chakra auch Blutkreislauf und Blutbildung. Seine Frequenz entspricht der nächsten Farbe des Regenbogens: ein sattes, leuchtendes Grün. Aus diesem Grund sind Waldspaziergänge sowie der bloße Anblick der Natur ein wahrer Herzöffner und unglaublich wohltuend für die Gesundheit.

Heilsteine für das Herz-Chakra

- Jade
- Smaragd
- Grüner Aventurin
- Grüner Onyx
- Kunzit

Heilpflanzen für das Herz-Chakra

- Rose
- Melisse
- Thymian
- Weißdorn

Das Hals- oder Kehlkopf-Chakra – Visuddha

Dieses Chakra bezeichnet das erste der höheren Chakren, was sich nicht nur auf seine Lage im Körper bezieht, sondern vielmehr auf seine Frequenz und Aufgabenbereiche. Der Sanskrit-Name Visuddha lässt sich mit **„absoluter Reinheit"** übersetzen, was eine Steigerung der Themen des Herz-Chakras andeutet. In diesem Chakra wird die bedingungslose Liebe des Herz-Chakras erweitert durch reines Bewusstsein, wodurch die niedrigen Schwingungen der von den unteren Chakren kommenden Energien immer weiter angehoben werden.

Das Hals-Chakra stellt unseren Zugang zur feinstofflichen Welt und zur geistigen Ebene dar, was es für die Themen Medialität und Magie besonders wichtig macht. Gleichzeitig entstehen hier die höheren mentalen Fähigkeiten eines Menschen. Durch die Energie des Hals-Chakras sind wir erst in der Lage, unsere Kreativität zielgerichtet zu nutzen, denn es befähigt uns, unseren Gedanken und Gefühlen eine Form zu geben. So können wir uns auf künstlerischer Ebene überhaupt erst zum Ausdruck bringen. Auch die Fähigkeit zur Selbstreflexion und damit Selbsterkenntnis entsteht in diesem Chakra. Darüber hinaus entsteht hier auch unsere Sprache oder unsere Sprachfähigkeit. Das Hals-Chakra **versorgt den Hals- und Kieferbereich mit Energie** und befindet sich auf Höhe des Kehlkopfs.

Heilsteine für das Hals-Chakra

- Türkis
- Topas
- Aquamarin
- Lapislazuli
- Chalcedon

Heilpflanzen für das Hals-Chakra

- Zitronenmelisse
- Salbei
- Huflattich
- Minze

Das Stirn- oder Dritte-Auge-Chakra – Ajna

Das Stirn-Chakra ist das Chakra der Bewusstseinsentwicklung, was sich bereits aus seinem Sanskrit-Namen ableitet: Ajna hat mehrfache Übersetzungsmöglichkeiten und bedeutet sowohl **„wahrnehmen"** und **„wissen"** als auch **„befehlen"**. Hier beginnt die wahre Kontrolle des Geistes und die erweiterten Wahrnehmungsfähigkeiten, die im Hals-Chakra bereits ihren Beginn nehmen, werden hier noch einmal erweitert. Somit ließe sich das Stirn-Chakra durchaus auch als das „Magie-Chakra" bezeichnen, denn die **kontrollierte Steuerung von Energien** ist nur mit einem ungestörten und voll aktivierten Stirn-Chakra möglich. Genauso wie Kontrolle von Energien ermöglicht das Stirn-Chakra aber auch die Kommunikation mit Wesenheiten der energetischen Ebene und stellt somit unseren „sechsten Sinn" dar

Sie finden das Hals-Chakra genau zwischen Ihren Augenbrauen, ungefähr drei Zentimeter oberhalb der Nasenwurzel. Dort versorgt es vor allem das Kleinhirn und die im Kopf liegenden Sinnesorgane mit Energie, aber auch die Nasenneben- und Stirnhöhlen. Die Hypophyse und die Zirbeldrüse, beides wichtige Drüsen innerhalb unseres Gehirns, die für die Produktion von Hormonen zuständig sind, stehen ebenfalls unter seiner Herrschaft. Dadurch fällt auch der Schlaf-Wach-Rhythmus unter die Kontrolle des Stirn-Chakras.

Heilsteine für das Stirn-Chakra

- Lapislazuli
- Opal
- Blauer Turmalin
- Sodalith
- Indigoblauer Saphir

Heilpflanzen für das Stirn-Chakra

- Kampfer
- Fichte
- Johanniskraut
- Augentrost

Das Kronen-Chakra – Sahasrara

Das Kronen-Chakra liegt als einziges der sieben Hauptchakren nicht mehr im Bereich des grobstofflichen Körpers, sondern befindet sich ein Stück darüber. Es findet sich dort, wo bei Säuglingen die Fontanelle sitzt, also die kleine Stelle in der Mitte der Schädeldecke, die sich erst nach einiger Zeit schließt. Dieses Chakra stellt den Beginn und zugleich das Ende der menschlichen Reise durch das Leben dar: Die Seele tritt bei Geburt über dieses Chakra in den Körper ein und verlässt ihn dort wieder im Augenblick des Todes. Anders als die anderen Hauptchakren hat es keinen körperlichen Zuständigkeitsbereich, sondern dient eher als ein **Wächter über das gesamte System**. Es ist das **Chakra der Erleuchtung und der Einswerdung mit dem Universum** und wird, wenn überhaupt, erst in relativ hohem Alter voll aktiviert.

Diese Aktivierung des Kronen-Chakras erfordert ein hohes Maß an geistiger und emotionaler Reife und Weisheit, gleichzeitig müssen alle anderen Chakren dafür rein und in perfekter Balance miteinander sein. Es ist Ziel des Strebens aller Schüler der Magie, genauso wie sämtlicher Glaubensrichtungen, den Zustand der Erleuchtung durch die Aktivierung dieses Chakras zu erreichen.

Heilsteine für das Kronen-Chakra

- Bergkristall
- Diamant

Heilpflanzen für das Kronen-Chakra

- Byzantinischer Weihrauch
- Rosenweihrauch
- Klosterweihrauch
- Dammar
- Copal Gold

MIT DEN CHAKREN ARBEITEN

Nachdem Sie nun mit den wichtigsten Eigenschaften Ihrer Chakren vertraut sind, können Sie direkt in die Praxis einsteigen und lernen, den Zustand Ihrer Chakren zu erfühlen und zu verändern. Dies ist keinesfalls so schwierig, wie es sich anhören mag, denn im Grunde nehmen Sie diese bereits wahr. Dass wir glauben, unsere Chakren scheinbar nicht wahrzunehmen, ist allein der Tatsache geschuldet, dass wir nicht wissen, wie unsere energetische Wahrnehmung einzuordnen ist. Deshalb blenden wir sie aus dem Bewusstsein aus oder interpretieren sie falsch. Mit Hilfe einer einfachen Meditation wird es Ihnen jedoch schnell gelingen, diese Wahrnehmung wieder ins Licht des Bewusstseins zu rücken und sogar noch mehr zu tun.

Bevor wir damit beginnen, möchte ich Sie noch auf etwas hinweisen. Wir arbeiten in der Meditation mit bestimmten, von mir vorgegebenen Bildern. Es ist jedoch möglich, dass diese Bilder sich bei Ihnen verselbstständigen und so durch andere ersetzt werden. Sollte dies geschehen, lassen Sie es ruhig zu, denn es bedeutet lediglich, dass Ihre Intuition aktiviert wurde. Bilder oder Symbole dienen in der Magie und der Energiearbeit immer nur dazu, unserem Geist eine bestimmte Intention zu vermitteln. Häufig resonieren wir jedoch nicht mit vorgegebenen Symbolen, weshalb die gewünschte Wirkung gar nicht oder nur schwach eintritt. Es ist also immer besonders wichtig, dass sämtliche Symbole, Bilder oder Metaphern, mit denen Sie arbeiten, sich für Sie persönlich stimmig anfühlen.

Kontrollierte Reinigung eines Chakras

Suchen Sie sich einen Ort, an dem Sie für die Dauer der Übung **absolut ungestört** sind. Deaktivieren Sie deshalb Telefon und Türklingel, wenn möglich, und dunkeln Sie den Raum ein wenig ab. Eine Schlafbrille oder ein Tuch, welches Sie sich über die Augen legen, kann zusätzlich sehr hilfreich sein. Legen Sie sich nun bequem auf den Rücken und achten Sie dabei darauf, möglichst flach zu liegen, so dass Ihre Wirbelsäule eine gerade Linie bildet. Jetzt schließen Sie die Augen und konzentrieren sich zunächst nur auf Ihre Atmung. Atmen Sie durch die Nase und tief in den Bauch hinein, bis Ihre Bauchdecke sich nach oben wölbt und spannt. Nun atmen Sie durch den Mund wieder aus und pressen dabei die Lippen leicht aufeinander.

Diese Technik nennt sich „Lippenbremsatmung" und führt dazu, dass Ihr Nervensystem in einen entspannten Zustand übergeht – die Grundvoraussetzung für energetische Arbeit. Atmen Sie auf diese Weise so lange, bis sich ein spontanes Gähnen einstellt, dies ist ein Signal Ihres Körpers, dass die Phase der Entspannung nun eingeleitet wird. Atmen Sie nach dem ersten Gähnen noch einige Male auf diese Art weiter und konzentrieren Sie sich ausschließlich auf den Weg der Luft durch Ihren Körper. Sobald Sie ein zweites Mal gähnen müssen, atmen Sie wieder normal, aber immer noch tief in den Bauch hinein.

Lassen Sie nun Ihren geistigen Fokus einmal durch Ihren gesamten Körper wandern und überprüfen Sie Ihren Entspannungszustand. Fühlen sich Ihre Gliedmaßen und Muskeln angenehm schwer und warm an, sind Sie bereit, mit der eigentlichen Übung zu beginnen. Stellen Sie an dieser Stelle noch irgendwelche Verspannungen fest, lösen Sie diese bewusst und wiederholen noch einige Male die Lippenbremsatmung. Wenn Sie bereit sind, lenken Sie Ihren Fokus auf die Körperregion, in der sich Ihr Wurzel-Chakra befindet, also den Bereich des Damms. Erkunden Sie, wie sich dieser Bereich anfühlt, wenn Sie jetzt noch nichts Besonderes wahrnehmen, ist dies nicht schlimm. Es handelt sich hier um Ihre erste Kontaktaufnahme mit Ihren Chakren, weshalb Sie zunächst nur eine sehr schwache Wahrnehmung erwarten können. Stellen Sie sich jetzt ein wirbelndes Rad aus tiefrotem Licht vor, welches sich im Uhrzeigersinn dreht, während Sie Ihre Wahrnehmung weiterhin auf das Wurzel-Chakra ausrichten. Wenn sich dieses Bild nun selbstständig verändern sollte, kann dies bereits ein Hinweis auf den Zustand des Chakras sein: Möglicherweise ist die rote Farbe mehr oder weniger verunreinigt und von Schwarz durchzogen, dies wäre ein Hinweis auf blockierende Energien.

Vielleicht ändert das Rad auch vor Ihrem geistigen Auge seine Größe, wird größer oder kleiner, was Ihnen anzeigt, ob das Chakra geöffnet oder verschlossen ist. Jetzt sollten sich auch die ersten körperlich spürbaren Wahrnehmungen einstellen. Dies kann sich durch ein Gefühl der Weite und Entspannung oder der Enge und Anspannung darstellen, je nachdem, ob Ihr Chakra geöffnet oder verschlossen ist. Starke Blockaden fühlen sich meist an wie ein harter Stein, der in Ihrem Körper sitzt und stark drückt. Hat sich bis hierhin keinerlei Wahrnehmung eingestellt und auch das Bild des Lichtrads sich nicht verändert, nehmen Sie direkten Kontakt auf. Dazu sprechen Sie entweder im Geiste zu Ihrem Chakra, indem Sie denken „Öffne dich bitte!", oder Sie visualisieren, wie sich das rote Lichtrad ausdehnt. Spätestens jetzt werden Sie ein mehr oder weniger deutliches Gefühl der Entspannung, Leichtigkeit oder Weite in dieser Körperregion vernehmen. Durch die direkte Kontaktaufnahme mit dem Chakra signalisieren Sie Ihrem

Geist eine eindeutige Intention und da Sie wissen, auf welche Gefühle Sie achten müssen, werden sie auch spürbar. Gehen Sie nun noch einen Schritt weiter und geben Sie dem Chakra die Anweisung „Reinige dich". Der Vorgang der Reinigung eines Chakras fühlt sich in der Regel so an, als würde etwas von der entsprechenden Körperregion nach oben wandern, ein zwar subtiles, aber doch deutlich wahrnehmbares Gefühl.

Da sämtliche Verunreinigungen in unseren Chakren aus unverarbeiteten Erlebnissen und emotionalen Themen bestehen, kann es zusätzlich geschehen, dass simultan Erinnerungen in Ihrem Geist auftauchen und möglicherweise auch eine bestimmte Emotion, die mit der Erinnerung zusammenhängt, an die Oberfläche tritt. Auch wenn dieser Prozess unangenehm sein kann, vor allem, wenn es sich um verdrängte Erinnerungen handelt, lassen Sie dies zu und bleiben so entspannt wie möglich. Es hilft, sich von den aufsteigenden Gefühlen, Erinnerungen und Gedanken ein Stück zu dissoziieren, indem Sie sich bewusst machen, dass es sich lediglich um Energien handelt, die durch Ihre Chakren wandern. Verfolgen Sie nun den Weg dieser Energie, wie sie nach oben durch sämtliche Chakren wandert. Mit jedem neuen Chakra, das von dieser Energie durchwandert wird, ändert sich auch die Qualität der Energie ein wenig, da sie vom Thema des jeweiligen Chakras beeinflusst wird. Zum besseren Verständnis dieses Vorgangs möchte ich Ihnen ein konkretes Beispiel an die Hand geben:

Themen des Wurzel-Chakras sind vor allem Erdung, Sicherheit und Stabilität. Durch die Reinigung dieses Chakras werden nun Energien, die mit diesen Prinzipien nicht im Einklang sind, hinausgeleitet. Dabei kann es sich zum Beispiel um eine Erinnerung an ein Ereignis handeln, durch das Sie sich stark verunsichert und verängstigt gefühlt haben.

Um das Ganze etwas zu konkretisieren, sagen wir einfach, Sie hatten einen Unfall, bei dem Sie sich den Fuß gebrochen haben. Sie waren allein, litten unter starken Schmerzen und einem Schock und es war niemand da, der Ihnen hätte helfen können. Sämtliche Gefühle, die Sie zu dem Zeitpunkt empfunden und bis heute nicht verarbeitet haben, werden nun wieder aktiviert, genauso wie die Bilder, die in Ihrem Geist dazu gespeichert sind. Beobachten Sie die Szene jetzt einfach so, als wären Sie nicht direkt beteiligt, sondern würden sich einen Film von jemand anderem ansehen. Lassen Sie einfach alles geschehen, was geschehen will. Spüren Sie, wie die Energie nach oben wandert und das Sakral-Chakra erreicht. Hier werden vor allem Ihre Instinkte und Triebe angesprochen, weshalb Sie vermutlich nun ein starkes Bedürfnis verspüren werden, diesem Zustand zu entfliehen. Möglicherweise fühlen Sie auch eine Starre und ein Gefühl der Ohnmacht oder die Sehnsucht nach einem helfenden Menschen.

Sollten Sie das Gefühl haben, die Energie bleibt hier stecken und wandert nicht weiter nach oben, sprechen Sie das Chakra wieder direkt an: „Öffne dich, lass die Energie durch!" Alternativ können Sie auch einfach visualisieren, wie dies geschieht. Erreicht die Energie dann als Nächstes das Solarplexus-Chakra, werden sich Ihre Gefühle bereits deutlich verändern. In diesem Chakra geht es um Ich-Stärke und Autonomie, das Gefühl der Ohnmacht oder das Verlangen nach Flucht sollte nun deutlich schwächer werden und einem neuen Gefühl Platz machen: **Zuversicht.**

Möglicherweise laufen in ihrem Geist nun Gedanken ab, die nach einer Lösung für die Situation suchen, oder die Bilder der Erinnerung in ihrem Geist wandern weiter zu dem Zeitpunkt, als Hilfe eintraf oder Sie sich selbst helfen konnten. Es ist sogar möglich, dass die Szene sich anders entwickelt, als sie sich in Wirklichkeit abgespielt hat, denn es handelt sich hier um einen Vorgang der Verarbeitung. Lassen Sie deshalb weiterhin einfach alles geschehen und beobachten Sie lediglich. Es kann auch hier, so wie in jedem Chakra, dazu kommen, dass die Energie scheinbar stecken bleibt und es nicht weitergeht. Dann gehen Sie wieder so vor, wie bereits beschrieben, und helfen dem Chakra, sich zu öffnen und die Energie durchzulassen. Sollte dies einmal auch nach mehreren Versuchen nicht gelingen, brechen Sie die Meditation an dieser Stelle ab und lassen Sie ein paar Tage Zeit vergehen, bevor Sie einen neuen Versuch starten. Manche Blockaden lassen sich nicht in einem Durchgang lösen, besonders dann nicht, wenn es sich um schwerwiegende emotionale Themen handelt.

Wir gehen aber an dieser Stelle davon aus, dass es Ihnen gelingt, sämtliche Chakren einmal zu durchlaufen, damit Sie ein besseres Verständnis dieses Prozesses erlangen können. Die Energie wandert nun weiter nach oben, ins Herz-Chakra. Hier werden sich Ihre Gefühle nun wieder entsprechend den Themen des Herz-Chakras verändern: Möglicherweise fühlen Sie jetzt Dankbarkeit für die Hilfe, die Ihnen zuteilwurde, oder dafür, dass Sie dieses Ereignis überstanden haben. Vielleicht spüren Sie auch Liebe und Mitgefühl für sich selbst, weil Ihnen diese Gefühle in der Situation gefehlt haben. Wenn die Energie dann ins Hals-Chakra wandert, beginnt die rationale Verarbeitung des Ereignisses. Vermutlich tauchen nun Fragen dazu in Ihrem Geist auf, die Sie bisher nicht beantworten konnten, zum Beispiel die Frage, wie es zu dem Unfall kommen konnte. Vielleicht gab es damals auch Umstände, die für Verwirrung gesorgt haben, all dies wird sich nun Ihrem Geist ausbreiten und Sie werden einen deutlicheren und klareren Überblick über die damalige Situation gewinnen. Ein Gefühl des tieferen Verstehens wird sich einstellen, sobald die Energie das Stirn-Chakra erreicht hat. Hier werden Sie noch einmal gefordert, das Ereignis abschließend zu bewerten und loszulassen. Möglicherweise sind bis hierhin noch einige negative Gefühle zurückgeblieben, zum Beispiel ein Gefühl der Ungerechtigkeit, dass Ihnen so etwas geschehen musste, oder Selbstvorwürfe. Sollte dies der Fall sein, weisen Sie Ihr Chakra an, sich zu öffnen und die Energie nach oben weiterzuleiten, sagen Sie sich dabei: „Ich lasse diese Energie jetzt los!" Sind an dieser Stelle noch negative Gefühle vorhanden, bitten Sie zusätzlich um Transformation und fühlen Sie, wie die Energie durch das Kronen-Chakra Ihr System verlässt.

An dieser Stelle sollten Sie die Meditation beenden, indem Sie Ihren Fokus wieder auf Ihre Atmung richten. Atmen Sie einige Male tief ein und aus und nehmen Sie sich kurz Zeit, um wieder im Hier und Jetzt anzukommen. Wandern Sie dazu mit dem Geist durch Ihren Körper und konzentrieren Sie sich darauf, wie dieser mit der Sie umgebenden Welt verbunden ist. Fühlen Sie bewusst, wie sich die Unterlage anfühlt, auf der Sie liegen. Sobald Sie das Gefühl haben, wieder in einem normalen Bewusstseinszustand zu sein, öffnen Sie die Augen. Bitte arbeiten Sie auf diese Art immer nur mit einem Chakra auf einmal, das bedeutet, versuchen Sie im Anschluss an diesen Prozess nicht, gleich mit der Reinigung des nächsten Chakras fortzufahren. Es handelt sich hier um teilweise sehr anstrengende Prozesse, die besonders für Anfänger überfordernd sein können, wenn sie übertrieben werden. Geben Sie sich zwischen jeder Chakrenreinigung einige Tage Zeit, um dem nachzuspüren, was sich bezüglich des aufgestiegenen Themas in Ihnen verändert, bis Sie das Gefühl haben, der Prozess wäre tatsächlich abgeschlossen.

Arbeiten Sie auf diese Weise regelmäßig mit Ihren Chakren, denn Sie können sicher sein, dass Sie nicht nur ein blockierendes oder unaufgelöstes Thema pro Chakra haben. Je nachdem, wie Ihr Leben aussieht, werden auch immer wieder einmal neue Themen hinzukommen, deshalb ist die Reinigung der Chakren eine grundlegende energetische Arbeit. Diese wird Ihnen nicht nur helfen, ein besseres Gefühl für das Leiten von Energien zu bekommen, sondern Ihr energetisches System auch immer reiner werden lassen. Davon profitiert nicht nur Ihre spätere, magische Arbeit, sondern vor allem auch Ihre körperliche und psychische Gesundheit sowie der Prozess Ihres Persönlichkeitswachstums und der Selbsterkenntnis.

ENERGIEARBEIT UND MEDITATION

Im letzten Kapitel haben Sie gelernt, ein grundlegendes Gefühl für Energien zu entwickeln und dafür, sie zu spüren und sie innerhalb Ihres Körpers auch zu lenken. Nun werden wir einen Schritt weiter gehen und dabei bereits einfache magische Arbeit leisten. Sie müssen nun lernen, Energien auch außerhalb Ihres Körpers zu lenken und diese auch von äußeren Quellen zu beziehen. Wenn Sie nur Ihre eigene Energie für die magische Arbeit nutzen, ohne zu wissen, wie Sie sich wieder aufladen können, werden Sie sich schnell kraftlos fühlen. Darüber hinaus ist es nicht immer sinnvoll, die eigene Energie zu nutzen, je nach Intention Ihrer magischen Arbeit. Hierfür gilt eine einfache Faustregel: **Arbeiten Sie nur dann mit Ihrer eigenen Energie, wenn Sie etwas damit aufladen möchten**, zum Beispiel einen magischen Talisman. Mit der Herstellung und dem Zweck eines solchen Talismans werden wir uns später noch beschäftigen.

In allen anderen Fällen ist es sinnvoller, mit der universellen Lebensenergie, die auch als Chi oder Prana bekannt ist und uns umgibt, zu arbeiten. Ich werde nun im Folgenden verschiedene Techniken für die Arbeit mit Energie vorstellen, beginnen möchte ich mit einer Kurzmeditation. Diese Meditation sollten Sie zu einer regelmäßigen, morgendlichen Routine machen, die es Ihnen erlaubt, geerdet und kraftvoll in den Tag zu starten. Sie ist hervorragend geeignet, um sie direkt nach dem Aufwachen im Bett zu machen. Da Sie sich zu diesem Zeitpunkt in einem besonders entspannten Zustand befinden, müssen Sie lediglich Ihre Augen schließen und können ohne Vorbereitung direkt mit der Meditation beginnen. Im Anschluss werden Sie sich erfrischt und energiegeladen fühlen, mit einer Energie, die Sie durch den gesamten Tag tragen kann. Diese Meditation ist besonders zu empfehlen, wenn Sie einen anstrengenden Tag vor sich haben oder im Laufe des Tages magische Arbeit geplant ist.

Meditation zur Erdung, Reinigung und Aufladung: Der Lauf der Sonne

Legen Sie sich entspannt auf den Rücken und schließen Sie Ihre Augen. Stellen Sie sich nun vor, Sie stünden barfuß im Freien, auf einer Waldlichtung. Unter Ihren nackten Fußsohlen spüren Sie das angenehm feuchte und weiche Gras und Sie nehmen einen intensiven Geruch nach Wald und Erde wahr. Um Sie herum ist es noch dunkel, aber über den etwas entfernten Baumwipfeln erscheint gerade der erste Schimmer der aufgehenden Sonne. Stellen Sie sich in Ihrer Vorstellung aufrecht hin, die Beine geschlossen nebeneinander, den Rücken gerade, so dass

Ihr Körper eine aufrechte Linie bildet. Wandern Sie nun mit Ihrer Aufmerksamkeit zu Ihren Füßen zurück und stellen Sie sich vor, wie langsam Wurzeln aus Ihnen wachsen und sich immer tiefer in die Erde unter Ihnen graben. Lassen Sie vor Ihrem geistigen Auge ein Bild dieser Wurzeln im Erdreich entstehen, wie diese sich immer tiefer eingraben und immer weiter verzweigen. So entsteht ein weit ausladendes Wurzelwerk, welches Ihnen Halt und Stabilität verleiht. Durch diese Wurzeln fließt nun die Energie der Erde in Ihre Füße hinein und verteilt sich von dort in Ihrem gesamten Körper. Spüren Sie die Wärme und die Kraft, die sich von Ihren Füßen ausgehend langsam über die Beine in Ihrem Körper verteilt. Sobald Sie davon vollkommen erfüllt sind, wenden Sie Ihren Blick zurück zum Himmel. Die Sonne ist noch nicht sichtbar, doch der Himmel ist jetzt erfüllt von einem intensiven, dunklen Rot. Atmen Sie diese Farbe in sich hinein und lenken Sie sie mit der Kraft Ihrer Vorstellung in Ihr Wurzel-Chakra. Mit jedem Atemzug leuchtet dieses intensiver und öffnet sich weit. Das rote Licht strahlt nun aus ihm heraus und breitet sich in Ihrem Unterleib aus, bis das Wurzel-Chakra von einer Aura aus tiefrotem Licht umgeben ist. Die Farbe des Himmels verändert sich nun langsam, es wird heller und das tiefrote Licht verwandelt sich in ein leuchtendes Orange.

Atmen Sie nun auch dieses Orange in sich hinein und leiten Sie es mit Ihrer Atmung in Ihr Sakral-Chakra. Auch dieses Chakra öffnet sich mit jedem Atemzug weiter und wird von einer leuchtenden, orangefarbenen Aura umgeben, die Ihre gesamte Beckenregion erstrahlen lässt. Die Sonne ist nun weiter aufgestiegen und steht in Ihrem Zenit direkt über Ihnen. Blicken Sie hinein und atmen Sie das goldene Licht der Mittagssonne in Ihr Solarplexus-Chakra. Auch dieses Chakra beginnt nun, sich zu öffnen und zu leuchten, bis es von einer goldenen Aura umgeben ist, die Ihren Körper um den Bauchnabel herum ausfüllt.

Lenken Sie nun Ihre Konzentration auf den Wald um Sie herum, der im strahlenden Sonnenschein in einem saftigen und satten Grün erscheint. Atmen Sie nun dieses wundervolle, tiefgrüne Licht in Ihr Herz-Chakra hinein und spüren Sie, wie Ihr Herz sich immer weiter öffnet und eine angenehme Wärme sich von dort durch Ihren gesamten Körper ausbreitet. Auch Ihr Herz-Chakra beginnt nun, eine wachsende Aura aus grünem Licht auszubilden, das durchsetzt ist von der golden glitzernden Energie der Sonne. Lassen Sie zu, dass diese Energie Ihr gesamtes Sein ausfüllt, bevor Sie Ihre Aufmerksamkeit wieder dem Himmel zuwenden, der sich in einem satten Hellblau über Ihnen ausbreitet. Atmen Sie diese Farbe in Ihr Hals-Chakra hinein und spüren Sie auch hier, wie es sich öffnet und beginnt, Ihren gesamten Hals- und Kieferbereich mit einer Aura aus hellblauem

Licht zu erfüllen. Die Sonne steht nun bereits tief im Westen hinter den Baumwipfeln und ist nicht mehr zu sehen. Der Himmel hat eine samtene, dunkelblaue Farbe angenommen, der Tag ist beinahe vorbei. Auch diese Farbe atmen Sie in sich hinein und leiten Sie in Ihr Stirn-Chakra. Spüren Sie, wie es sich öffnet und Ihr gesamter Kopf von einem Gefühl der tiefen Entspannung und einer Aura aus dunkelblauem Licht erfüllt wird.

Die Sonne geht nun unter und hinterlässt über den Baumwipfeln einen Streifen tiefvioletten Lichts als letzten Gruß. Atmen Sie auch dieses Licht ein und leiten Sie es in Ihr Kronen-Chakra. Stellen Sie sich vor, wie dieses direkt über Ihrer Schädeldecke zu wachsen beginnt und seine Aura aus violettem Licht bis in Ihren Kopf hineinragt. Sie spüren die Energie dieser Aura, die ein angenehmes Kribbeln in Ihrem Kopf auslöst, welches sich seinen Weg über Ihre Wirbelsäule bis hinunter in Ihre Füße bahnt und über die Wurzeln unter Ihren Füßen in die Erde abfließt. Sie sind nun verbunden mit der Kraft der Erde und der Energie des Kosmos, Ihre Chakren sind geöffnet, ausbalanciert und arbeiten mit absoluter Perfektion. Sie fühlen sich bereit für alles, was vor Ihnen liegen mag. Genießen Sie dieses Gefühl nun einen Augenblick, während Sie die Bilder vor Ihrem geistigen Auge langsam auflösen. Sobald Sie sich bereit fühlen, öffnen Sie die Augen und beginnen Ihren Tag.

Aufladen und Arbeiten mit der universellen Lebensenergie

Mit dieser Technik lernen Sie nun den letzten Schritt, der notwendig ist, um effektiv mit Energien arbeiten zu können. Wenn Sie in der Lage sind, auf die universelle Lebensenergie zuzugreifen, werden Sie nie wieder unter einem Mangel an Energie leiden und können magisch arbeiten, ohne eigene Energie zu verlieren. Die Energie, auf die Sie hier zugreifen, ist im Grunde die gleiche, die auch im Reiki genutzt wird. Reiki bedeutet übersetzt nämlich nichts anderes als universelle Lebensenergie. Deshalb benötigen Sie, gegensätzlich zu den Behauptungen vieler westlicher Reiki-Meister, auch keine kostspielige Einweihung, um diese Energie nutzen zu können. Der Begründer des Reiki gab sein Wissen sogar nur unter der Bedingung weiter, dass dieses nicht genutzt werden dürfe, um daraus Profit zu schlagen. Ich gebe Ihnen nun zunächst eine Technik an die Hand, die Sie nutzen können, um sich mit dieser Energie aufzuladen. Im Anschluss starten wir ein kleines Experiment zu ihrer magischen Nutzung.

Verbinden und Aufladen mit der universellen Lebensenergie

Diese Technik funktioniert am besten im Sitzen oder Stehen. Achten Sie auf eine gerade, aufrechte Körperhaltung und im Sitzen auf Bodenkontakt Ihrer Füße. Bitte überkreuzen Sie Ihre Arme oder Beine nicht, vor allem nicht, wenn Sie sitzen, damit die Energie ungehindert durch Ihren gesamten Körper fließen kann. Schließen Sie nun die Augen und beginnen Sie für einige Minuten mit der Lippenbremsatmung, um sich in einen entspannten und konzentrierten Zustand zu versetzen. Sobald Sie innerlich ruhig geworden sind, beginnen Sie damit, Ihre Chakren nacheinander, beginnend beim Wurzel-Chakra, zu öffnen. Dann lassen Sie vor Ihrem geistigen Auge ein Bild des Universums entstehen:

Unendliche Weite und Schwärze, durchbrochen von zahllosen funkelnden Sternen in der Ferne. Mitten in dieser mit Diamanten geschmückten Dunkelheit entsteht nun vor Ihrem geistigen Auge eine Wolke aus golden leuchtender Energie. Blitze beginnen innerhalb dieser Wolke zu zucken und das Leuchten wird zu einem regelrechten Strahlen. Bündeln Sie nun diese Energie und lassen Sie mittels Ihres Willens einen konzentrierten Energiestrahl aus der Wolke herauswachsen. Alles, was Sie dafür tun müssen, ist, es sich vorzustellen. Jede Visualisierungstechnik ist nichts anderes als ein Weg, Ihre Intention auszuführen.

Der gebündelte Energiestrahl wächst nun aus der Wolke heraus, bis er Ihren Körper erreicht hat. Er dringt durch Ihr Kronen-Chakra in Ihr System ein und verteilt sich über die sieben Hauptchakren in Ihrem gesamten Körper. Visualisieren Sie, wie die goldene Energie Sie durchwandert und langsam jede einzelne Zelle Ihres Körpers zum Strahlen bringt. Laden Sie sich auf diese Art auf, bis Ihr gesamter Körper erfüllt ist, und lassen Sie die Energie dann nach außen strahlen. Wenn Sie von einer Aura aus goldenem Licht komplett umgeben sind, haben Sie sich ausreichend aufgeladen. Sie können nun die Visualisierung mit einem Dank ans Universum beenden.

Ob Sie die neu gewonnene Energie nun magisch nutzen, liegt bei Ihnen, in der nächsten Übung gebe ich Ihnen dafür ein Beispiel an die Hand. Grundsätzlich können Sie sich auf diese Art mit Energie aufladen, so häufig Sie möchten, es gibt hier keine Begrenzung. Wenn Sie sich geschwächt oder krank fühlen oder einfach nur schlecht drauf sind, gibt es kaum ein besseres Mittel, um wieder Kraft zu tanken.

Die universelle Lebensenergie magisch nutzen – ein Experiment

Für dieses Experiment benötigen Sie zwei möglichst gleich große Pflanzen. Am besten geeignet sind junge Exemplare, die gerade über das erste Keimstadium hinaus sind. Damit Sie ein aussagekräftiges Ergebnis bekommen, ist es nicht nur wichtig, dass beide Pflanzen die gleiche Größe haben, sondern beide sollten auch am gleichen Platz stehen und die gleiche Menge Licht und Wasser bekommen. Die Bedingungen für beide sollten exakt gleich sein. Das Experiment läuft über mindestens zwei Wochen, währenddessen arbeiten Sie täglich mit einer der beiden Pflanzen, während Sie die andere unbeachtet lassen und lediglich regelmäßig gießen. Einmal täglich nehmen Sie nun die Pflanze, mit der Sie arbeiten wollen, und stellen Sie auf einen Tisch direkt vor sich. Laden Sie sich nun, wie in der vorigen Technik beschrieben, mit der universellen Lebensenergie auf, bis Sie von der goldenen Aura umgeben sind. Lassen Sie dieses Mal jedoch die Verbindung zu der Energiewolke bestehen und die Energie weiter in sich hineinfließen. Visualisieren Sie jetzt, wie die Energie direkt in Ihr Herz-Chakra und vor dort aus in Ihre Arme und Hände fließt. Wir wählen für diese Übung das Herz-Chakra, weil wir die Pflanze mit der Energie universeller Liebe aufladen möchten. Auf die gleiche Art könnten Sie die Energie durch jedes andere Chakra leiten, je nachdem, welche Energie Sie erzeugen und was Sie aufladen möchten.

Platzieren Sie nun Ihre Hände rechts und links neben der Pflanze und visualisieren Sie, wie die Energie aus ihren Händen hinausströmt. Leiten Sie diese so lange in die Pflanze hinein, bis diese ebenfalls beginnt, vor Ihrem geistigen Auge golden zu leuchten. Machen Sie damit weiter, bis auch die Pflanze von einer starken, goldenen Aura umgeben ist. Senden Sie nun einen Dank an das Universum und beenden Sie die Visualisierung. Stellen Sie die Pflanze anschließend wieder an ihren Platz zurück.

Dieses Experiment hat zwei Ziele: Zum einen soll die täglich behandelte Pflanze natürlich schneller und prächtiger wachsen als die andere. Vor allem soll es Ihnen aber die Wirksamkeit Ihrer magischen Arbeit vor Augen führen und so Ihren Glauben an die Magie und Ihre eigenen Fähigkeiten stärken. Nach spätestens zwei Wochen werden Sie einen deutlichen Unterschied zwischen beiden Pflanzen feststellen können und sollten Sie jemals Zweifel an Ihren Fähigkeiten haben, müssen Sie sich lediglich dieses Experiment wieder ins Gedächtnis rufen, um diese auflösen zu können. Sie können diese Technik auch hervorragend nutzen, um kränkelnde Pflanzen oder Tiere bei der Genesung zu unterstützen, oder sie sogar an Menschen anwenden, selbstverständlich nur mit deren Einwilligung. Wenn Sie ein Tier auf diese Art behandeln, kann es geschehen, dass es sich Ihnen entzieht. Tiere spüren Energien sehr deutlich und sind nicht immer mit einer solchen Behandlung einverstanden. Respektieren Sie deshalb bitte, wenn das Tier versuchen sollte, sich von Ihnen zu entfernen.

DER GEISTIGE RAUM DER LEERE

Den geistigen Raum der Leere habe ich zu Beginn dieses Buches bereits angesprochen, er dient als Ausgangspunkt einer jeden magischen Handlung, um diese vor dem Einfluss störender und unerwünschter Energien zu schützen. In der gängigen magischen Praxis wird dies normalerweise durch den Schutzkreis zu erreichen versucht, den wir später in diesem Kapitel noch ausführlich besprechen werden. Was der Schutzkreis jedoch nicht abhalten kann, sind telepathische Einflüsse, die sich durch Ihren eigenen Geist auswirken. Es ist also eine Art innerer Schutzkreis, den Sie durch die folgende Technik erzeugen. Es geht somit darum, sich vor telepathischen Einflüssen komplett abzuschirmen und mit den eigenen Gedanken vollkommen allein zu sein. Auf diese Art steigern Sie zusätzlich auch Ihre Konzentrationsfähigkeit, mit der die Kraft Ihrer Magie steht und fällt.

Deshalb sollte diese Technik vor jeder magischen Handlung ausgeführt werden, egal, ob es sich um ein Ritual handelt oder Sie auf andere Art magisch wirken. Dies gilt im Grunde auch für die im vorigen Kapitel beschriebene Technik, mit der Sie Pflanzen, Tiere, andere Menschen oder Gegenstände mit Energie aufladen. Sie können die Technik im Liegen oder Sitzen ausführen, wichtig ist lediglich eine entspannte Körperhaltung. Dabei sollte die Wirbelsäule immer gerade sein und weder Arme noch Beine sollten gekreuzt werden, damit die Energien ungehindert fließen können. Im Sitzen achten Sie bitte zusätzlich darauf, dass Ihre Füße guten Bodenkontakt haben, damit Sie geerdet sind.

Schließen Sie nun Ihre Augen und beginnen Sie wie immer mit der Lippenbremsatmung, um sich in einen entspannten Zustand zu versetzen. Sobald dieser erreicht ist, beginnen Sie mit der folgenden Visualisierung: Lassen Sie vor Ihrem geistigen Auge einen hohen, fensterlosen, weißen Turm entstehen. Dieser Turm verfügt nur über eine einzige Tür, die sich direkt unter seinem Dach befindet und durch genau dreiunddreißig Stufen mit der Erde vor Ihnen verbunden ist. Der Turm symbolisiert Ihren Geist, der oberste Raum, in den Sie sich begeben werden, stellt die höchste Form reiner Konzentration und Abgeschiedenheit dar. Sobald dieses Bild vor Ihrem geistigen Auge gefestigt ist, beginnen Sie mit dem Aufstieg, den Sie mit einer Atemtechnik verbinden. Machen Sie einen Schritt auf die erste Stufe und zählen Sie in Ihrem Geist „Stufe Eins", dabei denken Sie das Wort „Stufe" beim Einatmen und das Wort „Eins" beim Ausatmen. Atmen Sie tief in Ihren Bauch hinein und gehen Sie auf diese Art langsam die Treppe hinauf. Bei jeder dritten Stufe machen Sie eine Pause, in der Sie den Atem anhalten und sich selbst die folgende Autosuggestion geben: „Ich begebe mich in einen Zustand reiner Konzentration und lasse alle äußeren Einflüsse von mir abgleiten."

Sobald Sie die letzte Stufe erreicht haben, machen Sie eine weitere, letzte Pause, halten den Atem kurz an und verändern die Autosuggestion: „Ich begebe mich nun in den leeren Raum meines Geistes. Dort bin ich vollkommen allein und ungestört. Mit jedem Besuch dieses Raumes fällt mir der Aufstieg leichter." Atmen Sie nun entspannt weiter und betreten Sie den Raum. Sobald Sie im Inneren sind, wird sich die Öffnung, durch die Sie hineingelangt sind, hinter Ihnen schließen. Der Raum ist fensterlos und erfüllt von einem angenehmen, weißgoldenen Licht. Setzen Sie sich nun in die Mitte und verweilen Sie dort für einige Augenblicke einfach nur in der absoluten Stille Ihres Geistes.

Besonders bei Anfängern können nun noch unerwünschte und störende Gedanken auftauchen, da diese Technik vor allem Übung benötigt. Stellen Sie sich jeden Gedanken als einen Ball aus Energie vor, der in dem Sie umgebenden Raum schwebt. Diesen Ball können Sie mit der Kraft Ihres Willens lenken und durch die Wände des Raumes nach draußen leiten. Die ersten Male arbeiten Sie am besten lediglich daran, den Raum vollständig von Gedanken zu befreien, um eine stabile Vorstellung dessen zu erzeugen, was Sie mit dieser Technik bewirken möchten. Je häufiger Sie diese Technik üben, desto effektiver wird sie wirken, bis Sie von Beginn an in einem leeren Raum ankommen. Ab diesem Zeitpunkt können Sie beginnen, nach Durchführung dieser Technik magisch zu arbeiten.

Wenn Sie Ihre magische Arbeit abgeschlossen oder bei den ersten Übungen den Raum vollständig geleert haben, stehen Sie auf und wenden sich der Öffnung zu, durch die Sie den Raum betreten haben. Visualisieren Sie, wie die Öffnung wieder entsteht und Sie hindurchgehen. Dann steigen Sie die dreiunddreißig Stufen auf die gleiche Art hinunter, wie Sie heraufgekommen sind. Zählen Sie bei jeder Stufe mit und verbinden Sie die Worte mit Ihrer Atmung. Geben Sie sich alle drei Stufen die folgende Autosuggestion: *„Ich verlasse nun meinen geistigen Raum der Leere und verbinde mich wieder mit meiner Umwelt."* Sobald Sie auf der letzten Stufe angelangt sind, geben Sie sich eine abschließende Autosuggestion: *„Ich beende meine geistige Arbeit und begebe mich zurück in meine alltägliche Realität."*

Tipp: Diese Technik ist nicht nur die Grundvoraussetzung für magische Arbeit, sondern auch hervorragend dazu geeignet, Schlafstörungen zu beheben. Wenn Sie nicht einschlafen können, weil Ihre Gedanken nicht zur Ruhe kommen, legen Sie sich auf den Rücken und führen Sie diese Technik durch. Ziel ist es dann, in dem Raum Leere einzuschlafen, was mit einiger Übung gut gelingt und dazu führt, dass Sie einen ungestörten Schlaf genießen können und am Morgen sehr erfrischt aufwachen. In diesem Fall müssen Sie nicht nach dem Aufwachen visualisieren, wie Sie den Raum wieder verlassen, da dies durch den Vorgang des Erwachens von ganz allein geschieht.

DER ALTAR UND MAGISCHE WERKZEUGE

Nun, da Sie vertraut sind mit dem Fühlen und Leiten von Energien, kommen wir zu einem **praktischeren Teil der magischen Arbeit**, nämlich dem Ort, an dem Sie Ihre Magie für gewöhnlich ausüben werden: dem Altar und seinem Aufbau.

Für die Gestaltung eines Altars gibt es nur sehr wenige Grundregeln, denn es ist Ihr ganz persönlicher Ort der Magie, der Ihren persönlichen Zugang dazu repräsentiert. Dennoch gibt es einige Dinge zu beachten und Gegenstände, die auf einem Altar vorhanden sein sollten. Ich sage deshalb „sollten", weil es im Wicca eigentlich kein „müssen" gibt. Besonders, wenn es um die magischen „Werkzeuge" geht, liegt es an Ihnen, ob Sie diese nutzen möchten oder nicht, denn diese sind lediglich ein Hilfsmittel, welches bestimmte Techniken vereinfachen kann. Grundsätzlich sind jedoch Ihre Hände und Ihr Geist die einzigen Werkzeuge, die Sie tatsächlich benötigen.

Doch beschäftigen wir uns zunächst einmal damit, wie ein Altar standardmäßig aufgebaut wird. Zu Beginn sollten Sie sich für einen Ort entscheiden, an dem Sie ihn errichten wollen. Es sollte **ein ruhiger Ort** sein, möglichst in einem Raum, zu dem Besucher keinen Zutritt haben, wie zum Beispiel das Schlafzimmer. Außerdem sollten Sie Ihren Altar **nicht in der Nähe von elektrischen Geräten** oder Steckdosen platzieren, denn Elektrosmog kann die magischen Energien stören.

Statt sich für einen festen Platz innerhalb Ihrer Wohnung oder Ihres Hauses zu entscheiden, steht Ihnen auch die Wahl einer **mobilen Variante** frei. Dann nehmen Sie statt eines Tischchens oder Schränkchens einfach ein großes Tuch als Unterlage, auf dem Sie Ihre Utensilien anrichten. Dies hat den Vorteil, dass Sie Ihre Magie auch im Freien, sozusagen im Herzen der Natur, ausüben können, und auch für Reisen eignet sich ein solch mobiler Altar sehr gut. Ich persönlich verwende beide Varianten, einen Altar in meiner Wohnung und einen mobilen für Rituale an Feiertagen, die ich im Freien abhalten möchte.

Wenn Sie sich nun für einen Ort entschieden haben, geht es an das Einrichten Ihres neuen, magischen Arbeitsplatzes. Zu den Dingen, die Ihren Altar auf jeden Fall zieren sollten, gehören Symbole der fünf Elemente, denn die Elemente verfügen über große magische Kraft und sind ein wichtiger Bestandteil der Wicca-Magie. Wir werden uns in einem eigenen Kapitel noch ausführlich mit der Elementenlehre befassen, für den Moment genügt es, Ihnen eine Auflistung über die jeweiligen Symbole und ihre Anordnung auf dem Altar bereitzustellen:

- **Osten:** Athame oder Räuchergefäß als Symbol für Luft, optional Räucherfächer, Federn
- **Süden:** Zauberstab und Boline als Symbol für Feuer, optional Kerzen
- **Westen:** Kelch als Symbol für Wasser, auch Muscheln, Haifischzähne und Korallen können zusätzlich das Element Wasser symbolisieren
- **Norden:** Pentakel als Symbol für Erde, optional ein Schälchen mit Salz, Sand oder Erde, Eicheln, Nüsse, Tannenzapfen, Kastanien, Blumen, Steine
- **Mitte:** Kessel als Symbol für den Äther

Wie aus der Auflistung ersichtlich, werden die Symbole für die vier Elemente im Uhrzeigersinn, gemäß dem Lauf der Sonne, an den vier Ecken des Altars platziert, jedes in der ihm entsprechenden Himmelsrichtung. Das Symbol für das fünfte Element gehört mittig auf den Altar, da dem Äther keine Himmelsrichtung zugeordnet wird – dazu mehr im Kapitel über die Elemente. Lassen Sie in der Mitte jedoch noch genügend Platz, um dort Ihre magische Arbeit durchführen zu können. Zusätzlich zu den hier aufgeführten symbolischen Gegenständen können Sie Ihren Altar ganz nach Belieben dekorieren, viele Wicca-Anhänger haben zum Beispiel noch eine Statue oder ein Bild der von Ihnen verehrten Gottheit dort platziert und auch zu den Göttern kommen wir noch in einem eigenen Kapitel. Einige Hexen wählen den Altar auch als Aufbewahrungsort für Ihr Buch der Schatten, auch Grimoire genannt, dies ist jedoch ebenfalls optional. Der Platz auf einem Altar ist begrenzt, weshalb ich persönlich es für sinnvoller halte, dort nur das aufzubewahren, was tatsächlich für die magische Arbeit benötigt wird. Sämtliche anderen Gegenstände, die eher unter die Kategorie „Gebrauchsgegenstände" fallen, können auch an einem separaten Ort aufbewahrt und lediglich zur Benutzung auf dem Altar platziert werden.

Ob Sie ein Altartuch verwenden, bleibt ebenfalls ganz Ihrem eigenen Geschmack überlassen. Beachten Sie jedoch, dass Sie auf dem Altar mit brennendem Räucherwerk arbeiten werden und möglicherweise auch mit losen Materialien wie Salz, Sand, Blüten etc. und dass der Altar gut zu reinigen sein sollte. Nicht nur vor jeder magischen Arbeit muss dieser gereinigt werden, sondern regelmäßig mindestens einmal die Woche. Damit Sie nach diesem Kapitel gleich beginnen können, Ihren eigenen Altar zu errichten, möchte ich Ihnen nun noch die magischen Symbole für die Elemente, die auch als „Elementarwaffen" bezeichnet werden, vorstellen und erläutern. Auch auf die Boline und das Buch der Schatten, die beide eher zu den Gebrauchsgegenständen gehören, werde ich hier näher eingehen.

Athame

Ein Athame ist traditionell ein **Messer mit zweischneidiger Klinge und schwarzem Griff**, auf dem häufig noch magische Symbole, wie zum Beispiel das Pentagramm, eingraviert sind. Der Athame wird häufig als Symbol für das Element Feuer dargestellt, was jedoch nicht der Wahrheit entspricht. In diesem Punkt kommt es besonders unter Anfängern häufig zu Verwirrung, denn durch die Tatsache, dass auf einschlägigen Internetseiten gerne einer vom anderen abschreibt, findet man hier beide Aussagen. Es lässt sich jedoch einfach erklären, warum der Athame die **Luft symbolisiert**, denken Sie bitte nur einmal an das „Sprichwort", dass jemand einen messerscharfen Verstand besitzt. Der Athame ist das Messer unseres Geistes und wird in der Magie hauptsächlich dazu genutzt, Energie zu durchtrennen, zum Beispiel, wenn Sie die Verbindung zu einem bestimmten Menschen trennen möchten. Diese Elementarwaffe ist somit, wie sämtliche anderen, lediglich als eine geistige Waffe zu verstehen und besonders der Athame als eine Verlängerung des Geistes. Wenn Sie sich entscheiden, ein Athame zu nutzen, stehen Sie vor der Qual der Wahl, denn im Handel werden Sie eine breite Vielfalt vorfinden.

Genauso gut können Sie sich jedoch auch ein ganz eigenes Exemplar erschaffen, wenn Sie über ein wenig Begabung beim Schnitzen verfügen. In diesem Fall könnten Sie den Griff des Athame auch mit eigens kreierten Symbolen und Sigillen verzieren, was dieses Werkzeug auf besondere Art mit Ihnen verbindet und um ein Vielfaches wirksamer macht. Der Athame muss also nicht zwangsläufig aus Metall sein, die hölzerne Variante bietet sogar große Vorteile, bedenkt man die deutsche Gesetzeslage. Denn zweischneidige Messer unterliegen dem Waffengesetz und ihr Besitz ist eigentlich genehmigungspflichtig oder setzt zumindest einen triftigen Grund voraus, der nicht immer so einfach darzulegen ist. Bei der Variante aus Metall müssten Sie also darauf achten, dass die Klingen nicht scharf sind, um sie überhaupt legal besitzen und vor allem auch unterwegs mitführen zu dürfen.

Zauberstab

Der Zauberstab symbolisiert das Element des Feuers und dient vor allem dazu, Energien zu bündeln und zu leiten. Wie bereits gesagt, ist die Nutzung rein optional, doch gerade für Anfänger in der Magie kann ein solcher Stab sehr hilfreich sein. Auch hier existiert eine große Vielfalt im Handel, besonders schöne Exemplare finden Sie auf Etsy. Jedoch ist Selbstgemacht gerade in der Magie immer die beste Wahl, denn alles, was Sie mit Ihren eigenen Händen und aus Ihrer eigenen

Vorstellung heraus kreieren, bindet sich stark an Ihre Energie und wird dadurch immer sehr viel wirksamer sein. Zauberstäbe sind traditionell aus Haselnussholz gefertigt, welches sich für die magische Arbeit besonders hervortut. Neben der Eibe und der Weide gehört die Haselnuss zu den heiligen Bäumen im Glauben unserer Ahnen, der Germanen und Kelten. Sollten Sie sich entscheiden, selbst einen Zauberstab zu fertigen, beschäftigen Sie sich vorher bitte unbedingt mit Eigenarten des von Ihnen gewählten Holzes, denn nicht jedes Holz eignet sich für jeden magischen Zweck und besonders Eibe ist mit Vorsicht zu genießen. Zum einen ist Eibenholz giftig und sollte deshalb vor Bearbeitung lange im Freien trocknen und auslüften, zum anderen verfügt die Eibe über enorme magische Kraft. Besonders in Kombination mit Runen kann Sie deshalb Anfänger leicht überfordern. Neben dem Holz als Grundmaterial werden häufig auch **Edelsteine** genutzt, um die Energie **leitenden Fähigkeiten des Zauberstabs** zu **verbessern**. In der Regel verwendet man eine Hämatitkugel am unteren Ende zum Sammeln und Bündeln der Energien und eine Bergkristallspitze am oberen Ende, um sie gezielt leiten zu können. Auch hier sind Ihrer Kreativität keine Grenzen gesetzt, Sie können sich unendlich viele verschiedene Zauberstäbe für unterschiedliche Zwecke anfertigen und dabei die verschiedensten Materialien und Edelsteine nutzen, je nach geplantem Verwendungszweck des Stabes.

Boline

Bei der Boline handelt es sich, wie bereits gesagt, nicht um eine Elementarwaffe, sondern vielmehr um ein Werkzeug. Sie ist im Grunde ein einfaches **Messer zum Schnitzen**, mit dem Zauberstäbe gefertigt, Runen geritzt sowie Kräuter geerntet werden. In diesem Fall benötigt das Messer also tatsächlich eine scharfe Klinge, es wird jedoch ebenfalls nicht als Waffe genutzt. Häufig liest man, dass der Athame einen schwarzen Griff haben soll und die Boline einen weißen, dies ist jedoch nicht zwingend notwendig. Halten Sie sich hier lieber an eine einfache Regel: Magie muss sich für Sie selbst stimmig anfühlen! Wenn Sie ein Athame in Pink nutzen möchten und eine blaue Boline, wird dies funktionieren, solange es sich für Sie richtig anfühlt. Als kleine Empfehlung für eine gute Boline möchte ich hier die Schnitzmesser von Opinel empfehlen, diese verfügen über eine hervorragende Qualität, lassen sich gut sichern und bleiben ewig scharf.

Kelch

Der Kelch ist die **Elementarwaffe des Wassers** und auch wenn ich persönlich der Ansicht bin, dass man auf die Nutzung von Athame und Zauberstab im Grunde verzichten kann, halte ich den Kelch doch für beinahe unverzichtbar. Zum einen benötigen Sie ohnehin ein Gefäß mit Wasser auf Ihrem Altar, um dieses Element zu repräsentieren, zum anderen kann der Kelch auch hervorragend genutzt werden, um Opfergaben in Form von Wein oder Met an Ihre persönlichen Götter darzubringen. Auch hier steht es Ihnen frei, ob Sie einen Kelch im Handel erwerben oder einen individuellen, eigenen kreieren möchten. Es gibt zahlreiche wunderschön gearbeitete Kelche zu kaufen, die bereits mit magischen Symbolen verziert sind. Doch ein schöner Kristallkelch, den Sie selbst zum Beispiel mit Window Color verzieren und mit Ihren eigenen Symbolen versehen, wird seinen Zweck umso besser erfüllen. Besonders dann, wenn Sie den Kelch nutzen, um Opfergaben darzubringen, wird dieser auch Ihre eigene Energie dem Opfer hinzufügen und Ihre Magie so verstärken.

Pentakel

Das Pentakel ist vor allem symbolischer Natur, kann jedoch auch für bestimmte magische Arbeiten genutzt werden. Es handelt sich beim Pentakel nicht um ein reines Pentagramm, wie immer wieder behauptet wird. Das Pentakel ist vielmehr die **Erweiterung eines Pentagramms**, weshalb ich hier zunächst das Pentagramm kurz erklären möchte. Geometrisch betrachtet ist ein Pentagramm ein fünfzackiger Stern, in der Magie und Esoterik hat das Pentagramm jedoch eine symbolische Bedeutung. Jede Spitze des Pentagramms wird einem bestimmten Element zugeordnet, wobei die oberste Spitze für den Äther steht. Der Äther ist vergleichbar mit der feinstofflichen Welt oder der Ebene der Quanten und der griechische Philosoph Platon erkannte den Äther als das Element, aus dem alle anderen hervorgehen. Da wir diese Ebene nur mit unserem Geist betrachten und beeinflussen können, wird die oberste Spitze des Pentagramms besonders im Wicca und allgemein in der Esoterik meist eher als Geist bezeichnet. Wichtiger ist jedoch, dass es sich eben um die oberste Spitze des Pentagramms handelt, die mit dem Geist oder seinen Kräften assoziiert wird, denn aus diesem Grund wird ein Pentagramm, dessen Spitze nach unten zeigt, mit schwarzer Magie in Verbindung gebracht. Zeigt die Spitze des Pentagramms nach oben, bedeutet dies „Geist über Materie", weist sie nach unten, „Materie über Geist".

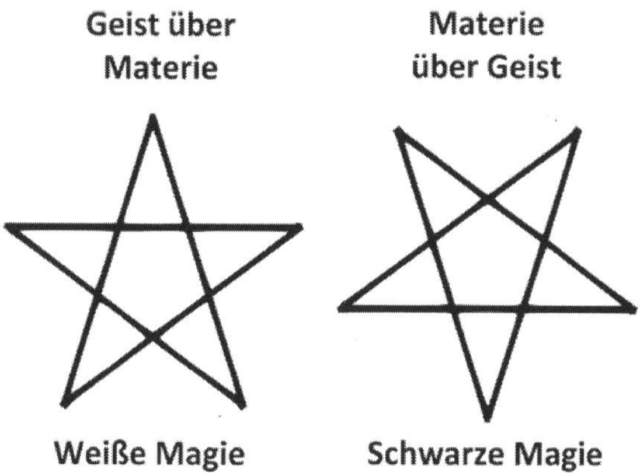

Das Pentakel ist eine symbolische Erweiterung des Pentagramms, indem es von einem Kreis umschlossen wird. Dies symbolisiert nicht nur die **Vereinigung aller fünf Elemente**, sondern auch die ihnen zugrundeliegende Zusammengehörigkeit. Das macht das Pentakel vor allem zu einem magischen Talisman, der **Schutz gegen negative Energien und Wesenheiten** bieten soll.

Pentakel gibt es in verschiedenen Formen, zum Beispiel als Kettenanhänger, Holzscheibe oder auf Altartücher aufgedruckt. Je nach gewünschtem Verwendungszweck kann es nützlich sein, sich verschiedene Ausführungen anzuschaffen oder ebenfalls selbst herzustellen. In Form eines Anhängers sind Pentakel gut als Talisman und alltäglicher Schutz verwendbar. Auf einem Tuch oder einer Holzscheibe können sie verwendet werden, um Steine oder Sigillen aufzuladen, generell sind sie in diesem Fall eine gute Arbeitsunterlage für die magische Arbeit. Welche Form von Pentakel Sie für Ihren Altar wählen, bleibt jedoch ganz Ihrer persönlichen Entscheidung überlassen.

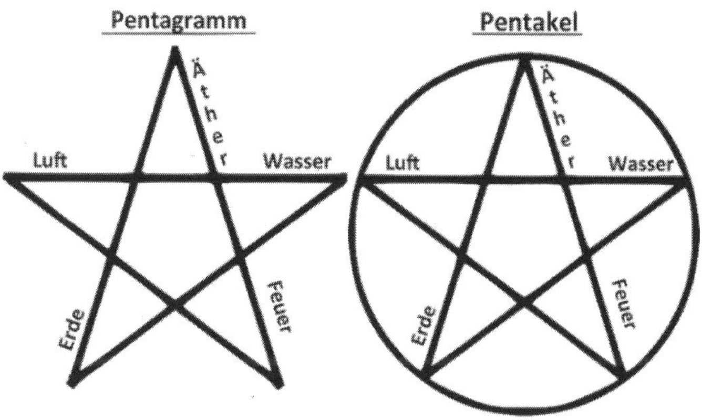

Kessel

Der Kessel symbolisiert das fünfte Element, den Äther. Im Zusammenhang mit dem Pentakel bin ich bereits kurz auf dieses Element eingegangen, es folgt jedoch noch ein eigenes Kapitel über die Elemente, innerhalb dessen diese ausführlich besprochen werden. An dieser Stelle möchte ich auf die Elementarwaffe dieses Elements eingehen, welche zu den Altargegenständen gehört, auf die eher weniger verzichtet werden sollte. In Ihrer Wahl eines passenden Kessels sind Sie wieder relativ frei, denn im Handel werden Sie eine große Vielfalt an „Hexenkesseln" erhalten. Bedenken Sie aber, dass besonders in der Magie selbstgemacht oder zumindest individualisiert immer besser ist.

Achten Sie besonders auf den Werkstoff, aus dem der Kessel Ihrer Wahl gefertigt ist. Dieser sollte aus Eisen, Silber, Kupfer oder Ton sein, aus eigener Erfahrung kann ich sagen, dass Kupfer sich besonders zur magischen Verwendung eignet und noch einen anderen Vorteil hat. In Antiquariaten und in Kleinanzeigen findet man mit etwas Glück handgefertigte Einzelstücke aus Kupfer, die man mit dem Einsatz von etwas Acrylfarbe oder einem Gerät zum Gravieren hervorragend den eigenen Zwecken anpassen und zu etwas ganz Besonderem machen kann. Wer sich kreativ austoben möchte, kann sich natürlich auch dafür entscheiden, selbst einen Kessel aus Ton anzufertigen, jedoch sollte dieser gebrannt werden, da der Kessel auch genutzt wird, um Flüssigkeiten zu bearbeiten.

Damit kommen wir zum Nutzen des Kessels, der relativ individuell ist. Kupfer- und Silberkessel eignen sich hervorragend, um Voll- oder Neumondwasser herzustellen, da die Energien des Mondes damit besonders effektiv eingefangen und gespeichert werden können. Zur Herstellung von Ölen, Tinkturen oder Räucherungen sind Tonkessel besser geeignet, da Ton dem Element Erde zugeordnet wird und dadurch besser mit Inhaltsstoffen harmoniert, die ebenfalls diesem Element zugehörig sind.

Tipp: Herstellung von Voll- oder Neumondwasser mit einem Kupfer- oder Silberkessel

Wasser lässt sich mit der Energie des Mondes aufladen, was eine einfache magische Arbeit mit großem Nutzen darstellt. Zum Beispiel eignet sich Vollmondwasser für alle Zauber, die etwas zu einer Vollendung bringen wollen, oder als Getränk, um sich selbst bei Prozessen der Energiearbeit zu unterstützen. Neumondwasser eignet sich gut für Zauber, in denen es um Neuanfänge, Wachstum und Glück geht, und kann ebenfalls gut zu diesem Zweck getrunken werden. Die Herstellung ist denkbar einfach: Nehmen Sie Ihren Kessel aus Kupfer oder Silber, füllen Sie ihn mit einem hochwertigen Wasser ohne Kohlensäure und stellen Sie ihn in der entsprechenden Nacht an einen Ort im Freien oder direkt ans Fenster. Zusätzlich können Sie das Wasser veredeln und in seinem Zweck erweitern, indem Sie entsprechende Edelsteine hinzufügen, zum Beispiel Bergkristall für Klarheit und geistige Fähigkeiten, grüner Aventurin für Herzensangelegenheiten oder Amethyst für eine verstärkte Verbindung zur feinstofflichen Ebene. Statt das Wasser bei Voll- oder Neumond aufzuladen, können Sie auch die Kraft des zu- oder abnehmenden Mondes nutzen, um Energien des Wachstums oder des Abnehmens einzufangen.

Der Grimoire oder das Buch der Schatten

Jede Hexe sollte ein solches Buch besitzen, es gehört somit zu den Gegenständen, die absolut unverzichtbar sind, doch worum genau handelt es sich hier überhaupt? Der Begriff „Buch der Schatten" mag sich ein wenig nach schwarzer Magie anhören, weshalb er ein wenig irreführend, dafür aber im Zusammenhang mit Magie eher bekannt ist. Es handelt sich dabei um das persönliche Tagebuch einer Hexe, in dem sie alles festhält, was im Zusammenhang mit ihrer Magie steht. Zaubersprüche, Rituale, Rezepte sowie persönliche Beobachtungen und Gedanken sind somit Inhalt dieses sehr persönlichen Buchs. Welche Art Buch Sie dafür verwenden, liegt wieder vollkommen in Ihrer Hand. Sie können sich ein schönes Notizbuch oder im Esoterikbereich ein Grimoire kaufen, das mit magischen Symbolen verziert ist, und es dabei belassen. Ein einfaches, schwarzes Notizbuch lässt mit Hilfe verschiedenfarbiger Eddings oder Acrylfarben schöne und vor allem individuelle Gestaltungsmöglichkeiten des Einbands zu. Auch ein Aktenordner kann auf diese Weise selbst gestaltet werden und bietet den Vorteil, dass einzelne Seiten entfernt oder hinzugefügt werden können – zudem lässt sich ihre Reihenfolge verändern. Wer besonders kreativ ist, findet auf YouTube viele Anleitungen für die Herstellung eines eigenen Bucheinbands aus Leder und hat damit die gesamte Gestaltung seines Grimoires selbst in der Hand.

ENERGETISCHE REINIGUNG

Reinigung gehört zu den wichtigsten Elementen in der Magie und sollte nicht nur vor magischer Arbeit praktiziert werden, sondern am besten täglich. Dabei ist jede physische Reinigung zugleich auch eine energetische, was sich darin begründet, dass allem, was in der Materie angesiedelt ist, Energien anhaften. So laden sich Räume zum Beispiel mit den Energien auf, die innerhalb dieser Räume erzeugt werden; wird in einem Raum regelmäßig gestritten, lädt er sich mit der Zeit immer stärker mit dieser Streitenergie auf. Das führt logischerweise zu Problemen, denn die Energie eines Raumes wirkt sich auf die Personen aus, die diesen betreten und darin verweilen. Stellen Sie sich vor, Sie streiten sich regelmäßig im Wohnzimmer mit Ihrem Partner. Je häufiger dies geschieht, desto mehr wird das Ganze zum Selbstläufer, bis man keine fünf Minuten mehr in dem Zimmer verbringen kann, ohne dass es zum Streit kommt. Dieses Prinzip gilt nicht nur für Räume, sondern auch für Orte, Gegenstände, Pflanzen, Tiere und Menschen. Eine physische Reinigung wird zumindest einen Teil der gespeicherten Energien wieder freisetzen, wer magisch arbeiten möchte, sollte jedoch zusätzlich zur physischen Reinigung auch die gezielte energetische Reinigung beherrschen.

Etwas energetisch zu reinigen ist im Grunde sehr simpel und kann auf die unterschiedlichsten Arten bewerkstelligt werden, dabei ist die Intention, wie immer in der Magie, das A und O. Ich werde nun im Folgenden verschiedene Techniken für unterschiedliche Zwecke vorstellen, diesen Techniken sollte immer eine gründliche physische Reinigung vorausgehen. Wenn es sich um Räume oder Gegenstände handelt, kann ein zusätzliches Bewegen, Abklopfen oder Schütteln bereits einen Großteil gespeicherter Energien freisetzen.

Energetische Reinigung von Räumen, Gegenständen oder Pflanzen mittels Räucherung

In der Magie werden nur selten bis gar nicht fertige Räucherstäbchen oder Räucherkegel verwendet, da diese meist aus künstlichen Duftstoffen bestehen und somit keinerlei energetischen Nutzen haben. Darüber hinaus benötigen wir in der magischen Arbeit die Entwicklung von stärkerem Rauch, als es bei Räucherstäbchen der Fall ist. Deshalb benötigen Sie neben losen Kräutern, Blüten, Harzen und Hölzern einige Gegenstände, um energetische Reinigungen mittels Räucherung durchzuführen. Die Anschaffung lohnt sich auf jeden Fall, denn in der Magie wird auch zu anderen Zwecken viel mit Räucherungen gearbeitet.

- Räucherschale (möglichst mit Griff, damit sie tragbar ist, Räucherschalen können bei Benutzung unter Umständen heiß werden!)
- Räuchersand (Vogelsand bietet eine gute und vor allem günstige Alternative)
- Räucherkohle
- Räucherzange (zum sicheren Anzünden der Kohle)
- Räucherfächer (optional)
- Mörser und Stößel
- Weißer Salbei
- Sandelholz, weiß
- Olibanum (die Sorte ist frei wählbar, besonders gut geeignet ist Klosterweihrauch, aber gewöhnliches Olibanum India funktioniert ebenfalls)

Die Zutaten der Räucherung werden mit dem Mörser zerkleinert und die Räucherschale wird mit einer dicken Schicht Sand befüllt. Dann greifen Sie die Kohle mit der Zange, zünden sie an und platzieren sie in der Mitte der Schale, sobald diese glüht. Nun können Sie die Räucherung auf die Kohle legen und mit der eigentlichen Reinigung beginnen. Achten Sie bitte darauf, bei Räucherungen zur Reinigung immer das Fenster zu öffnen, wenn Sie in geschlossenen Räumen arbeiten. Dies dient nicht nur der besseren Belüftung, sondern gibt den freigesetzten Energien die Möglichkeit, den Raum zu verlassen. Wenn Sie einen Raum auf diese Art reinigen möchten, beginnen Sie in der nördlichen Ecke und arbeiten Sie sich im Kreis gegen den Uhrzeigersinn vor. Verteilen Sie den Rauch mit Hilfe des Räucherfächers oder Ihren Händen und konzentrieren Sie sich dabei auf Ihre Intention der energetischen Reinigung. Zusätzlich können Sie die Wesenheiten der feinstofflichen Welt, Ihre Schutzgeister oder Engel, darum bitten, negative Energien zu befreien und hinauszuleiten.

Nachdem Sie auf diese Art einmal um den Raum gegangen sind, stellen Sie sich in die Mitte des Zimmers, laufen dort langsam einen kleinen Kreis, wieder gegen den Uhrzeigersinn, und verteilen den Rauch dabei im Rest des Raumes. Bleiben Sie dabei in Gedanken auf Ihre Intention fokussiert. Sobald Sie fertig sind, bedanken Sie sich bei den Wesenheiten, die Sie um Hilfe gebeten haben, und entlassen diese. Stellen Sie die Räucherschale beiseite, wenn Sie nicht weiter räuchern möchten, schütten Sie Sand auf die Kohle, um das Feuer zu ersticken, und warten Sie mindestens zwei Stunden, bevor Sie diese entsorgen. Möchten Sie einen Gegenstand oder eine Pflanze energetisch reinigen, genügt es, diesen bzw. diese in den Rauch zu halten und sich dabei wieder auf die Intention der Reinigung zu konzentrieren. Sie können dabei auch visualisieren, wie sich negative Energien in Form schwarzer Wölkchen aus dem Gegenstand lösen und sich im Rauch auflösen.

Energetische Reinigung von Räumen, Gegenständen oder Pflanzen mittels Visualisierung und Intention

An dieser Stelle möchte ich Sie noch einmal daran erinnern, dass die Wirksamkeit von Magie davon abhängt, wie sehr sich das, was Sie tun, für Sie stimmig und richtig anfühlt. Deshalb werde ich für die intentionale Reinigung lediglich Vorschläge präsentieren, die Sie entweder vollständig übernehmen oder an Ihre eigenen Vorstellungen anpassen können. Sollte Ihnen etwas völlig anderes in den Sinn kommen, wird auch das funktionieren, denn das Einzige, was zählt, ist der Fokus auf die Intention, der nicht durch inneren Widerstand oder Irritationen abgeschwächt wird. Wenn Sie einen Ort oder Raum reinigen möchten, können Sie zum Beispiel auf die Technik der Arbeit mit der universellen Lebensenergie zurückgreifen. Laden Sie sich damit auf und lassen Sie die Energie eine Aura um Sie herum bilden, die Sie immer weiter ausdehnen. Stellen Sie sich dabei vor, wie das goldene Licht energetische Verunreinigungen in Form schwarzer Energie einfach auflöst. Eine andere Möglichkeit wäre, Ihre Schutzgeister, Ahnen, Lichtwesen oder Engel anzurufen und darum zu bitten, den Ort von negativen Energien zu reinigen. Dafür benötigen Sie keine formellen Anrufungen, es genügt, diese Wesen in Ihrem Geist respektvoll zu rufen, um Hilfe zu bitten, ihnen anschließend zu danken und sie wieder zu entlassen. Handelt es sich um Gegenstände oder Pflanzen, die Sie reinigen möchten, können Sie auf die gleiche Art vorgehen.

Energetische Reinigung von Personen oder Tieren

Wollen Sie sich selbst oder eine andere Person mit Hilfe einer Räucherung reinigen, konzentrieren Sie sich auf die Chakren. Leiten Sie den Rauch mit Hilfe des Räucherfächers oder Ihrer Hände in jedes einzelne Chakra hinein, beginnen Sie dabei mit dem Wurzel-Chakra und arbeiten Sie sich nach oben vor. Dabei können Sie visualisieren, wie die Chakren von negativen Energien in Form schwarzer Pünktchen durchsetzt sind und sich im Rauch auflösen. Bitte versuchen Sie niemals, Tiere mit Hilfe einer Räucherung energetisch zu reinigen, da diese sehr empfindlich auf den Rauch reagieren. Hier funktioniert eine intentionale Reinigung weit besser. Legen Sie dafür Ihre Hände über die einzelnen Chakren des Tieres und visualisieren Sie, wie negative Energien von Ihren Händen aus dem Chakra hinausgezogen werden. Lassen Sie diese Energien nicht in Ihr eigenes System eindringen, sondern formen Sie stattdessen eine Art Energieball zwischen Ihren Händen und dem Chakra. Sobald dieser Ball dicht und das Chakra gereinigt ist, lassen Sie universelle Lebensenergie aus Ihren Händen in den Ball fließen und diesen auflösen. Auf diese Art können Sie auch mit anderen Menschen arbeiten, wenn diese Räucherungen nicht mögen oder empfindlich auf den Rauch reagieren.

Tipp: Energetische Reinigung mit Salz

Mit einem einfachen Trick können Sie dafür sorgen, dass Ihre Kleidung immer auch energetisch gereinigt wird, sobald Sie diese waschen. Dafür müssen Sie lediglich einen Teelöffel Salz zum Waschmittel geben. Salz verfügt über stark reinigende Kräfte und Ihrer Waschmaschine schadet die geringe Menge nicht. Dafür werden Sie beim Tragen Ihrer Kleidung einen deutlichen Unterschied spüren, da diese sich plötzlich sehr viel „sauberer" anfühlt. Um sich selbst regelmäßig einer energetischen Reinigung zu unterziehen, die keinerlei zusätzliche Mühe macht, lässt sich Salz ebenfalls hervorragend nutzen. Nehmen Sie eine Packung einfaches Salz ohne Zusätze und mischen Sie dies mit einer oder zwei Flaschen Duschgel, je nach Menge an verwendetem Duschgel erhalten Sie so entweder ein Salzpeeling oder einfach ein mit Salz angereichertes Duschgel. So reinigen Sie bei jedem Duschen gleich Ihren Energiekörper mit und Ihre Haut wird es Ihnen ebenfalls danken, da das Salz diese schön weich macht und Unreinheiten beseitigt.

DER SCHUTZKREIS

Wenn es um die Notwendigkeit von Schutz in der Magie geht, scheiden sich die Geister. Die magische Gemeinschaft ist an diesem Punkt gespalten in jene, die der Auffassung sind, Schutz sei nicht nur unnötig, sondern in gewissem Sinn sogar gefährlich, und in jene, die Schutz für absolut notwendig halten. Doch woher kommt der Glaube, Schutz könne sogar gefährlich sein? Sollten Sie sich bereits mit esoterischen oder spirituellen Grundlagen befasst haben, wird Ihnen das sogenannte Gesetz der Resonanz ein Begriff sein. Dieses Gesetz besagt, dass sich gleiche Energien anziehen, woraus sich im Zusammenhang mit Magie ergibt, dass wir nur solche Energien anziehen können, die auch in uns sind. Wenn wir nun der Ansicht sind, dass wir Schutz benötigen, beruht dies auf Glaubenssätzen, die von Angst geprägt sind und somit einer sehr niedrigschwingenden Energie unterliegen. Dadurch würden wir negative Energien überhaupt erst anziehen und das nur, weil wir uns vor ihnen schützen möchten. Dies mag nicht ganz unwahr sein, jedoch wird hier eine wichtige Tatsache übersehen:

Kein Mensch ist völlig rein, energetisch betrachtet. Wir alle haben unsere Ängste und Verletzungen, unsere inneren Dämonen und unseren Schatten, ob uns diese dunklen Anteile nun bewusst sind oder nicht. Allein dadurch sind wir gefährdet, entsprechende Energien anzuziehen. Was man außerdem nicht außer Acht lassen darf, ist die Tatsache, dass niedrigschwingende Wesenheiten der astralen Ebene sich von hochschwingenden Energien sehr wohl angezogen fühlen, ähnlich wie Motten vom Licht.

Deshalb lautet meine Empfehlung definitiv, niemals magische Arbeit zu praktizieren, ohne vorher einen Schutzkreis aufgebaut zu haben. Dieser Kreis wird um den Altar oder den Ort, an dem Sie arbeiten, aufgebaut und bleibt für die Dauer Ihres Rituals bestehen. Natürlich können Sie auch für andere Zwecke einen solchen Schutzkreis ziehen, zum Beispiel, wenn Sie ungestört meditieren oder entspannen möchten, sich krank oder schwach fühlen oder Sie einfach nur die Intuition haben, dass etwas nicht stimmt. Bevor Sie jedoch beginnen, den Schutzkreis aufzubauen, sollten Sie den Ort, an dem er entstehen soll, auf jeden Fall gründlich reinigen. Beginnen Sie mit einer physischen Reinigung in Form von Staubwischen, Saugen oder Fegen und dem Wischen des Fußbodens. Anschließend reinigen Sie sich selbst; besonders, wenn Sie magisch arbeiten möchten, sollten Sie vorher duschen, saubere Kleidung anlegen und sich auch noch energetisch reinigen. Sind all diese Vorbereitungen durchgeführt, können Sie damit beginnen, den Schutzkreis aufzubauen.

Legen Sie zunächst fest, wie groß der Kreis werden soll. Dies können Sie im Geiste tun, alternativ können Sie auch eine optische Begrenzung mit Hilfe von Kerzen oder einer durchgezogenen Linie aus Salz schaffen. Salz reinigt nicht nur, es schützt auch großartig vor negativen Energien, wodurch Sie eine Art doppelten Schutz aufbauen. Sollten Sie sich für Kerzen entscheiden, lassen Sie bitte besondere Vorsicht walten, damit Sie nicht während des Rituals eine davon umstoßen und so unabsichtlich einen Brand auslösen. Begeben Sie sich nun in die östliche „Ecke“ des Kreises und richten Sie Ihren Zauberstab oder Ihre ausgestreckten Hände in Richtung Osten. Sprechen oder denken Sie nun die folgende Beschwörung:

Wächter der Türme des Ostens,
Sylphen, Herrscher des luftigen Elements,
ich rufe Euch an und bitte Euch,
kommt in meinen Kreis und erfüllt ihn mit Eurer Energie!

Visualisieren Sie dabei eine durchsichtige Blase aus weißstrahlender Energie, die sich über Ihren Kreis legt. Nun laufen Sie im Halbkreis weiter nach Süden und strecken wieder Ihren Zauberstab oder Ihre Hände in Richtung Süden und sprechen die nächste Beschwörung:

Wächter der Türme des Südens,
Salamander, Herrscher des feurigen Elements,
ich rufe Euch an und bitte Euch,
kommt in meinen Kreis und erfüllt ihn mit Eurer Energie!

Dieses Mal visualisieren Sie eine Blase aus rot glühender Energie, die sich über die weiße Blase legt. Laufen Sie langsam im Halbkreis weiter nach Westen, strecken Sie den Zauberstab oder die Hände in Richtung Westen und sprechen Sie die nächste Beschwörung:

Wächter der Türme des Westens,
Undinen, Herrscher des wässrigen Elements,
ich rufe Euch an und bitte Euch,
kommt in meinen Kreis und erfüllt ihn mit Eurer Energie!

Visualisieren Sie dabei eine Blase aus bläulich leuchtender Energie, die sich über die ersten beiden Blasen legt, und laufen Sie im Halbkreis weiter nach Norden, wo Sie die letzte Beschwörung sprechen:

Wächter der Türme des Nordens,
Gnome, Herrscher des erdigen Elements,
ich rufe Euch an und bitte Euch,
kommt in meinen Kreis und erfüllt ihn mit Eurer Energie!

Visualisieren Sie jetzt eine golden leuchtende Blase, die sich über die ersten drei Schichten Ihres energetischen Schutzkreises legt, dann begeben Sie sich in die Mitte des Kreises, strecken den Zauberstab oder die Hände nach oben aus und beschwören das fünfte Element in Ihren Schutzkreis. Da es sich bei diesem Element um den Äther handelt, der nicht über Elementargeister verfügt, dafür aber „Heimat" aller feinstofflichen Wesenheiten ist, steht es Ihnen hier frei, wen oder was Sie anrufen. Sie können Ihre persönlichen Gottheiten, Engel, Lichtwesen, Ihre Ahnen oder einfach die Mächte des Universums selbst anrufen, weshalb ich hierfür keine Beschwörung vorgebe. Seien Sie respektvoll in Ihrer Wortwahl und die gerufenen Energien werden zu Ihnen kommen.

Ihr Schutzkreis ist nun vollständig aufgebaut und Sie können mit der magischen Arbeit beginnen, beachten Sie jedoch bitte, dass Sie den Kreis nun nicht mehr verlassen dürfen. Sie würden dadurch nicht nur seine Energien zerstreuen, sondern sich auch als äußerst respektlos gegenüber den Wesenheiten erweisen, die Sie zum Schutz angerufen haben. Eine solche Tat würde nicht unvergessen bleiben und es ist nicht ratsam, die Elementargeister gegen sich aufzubringen. Sorgen Sie bitte auch dafür, dass keine anderen Menschen den Kreis während Ihrer Arbeit betreten können, da dies zum gleichen Ergebnis führen würde. Die einzige Ausnahme stellen Tiere dar, diese sind reiner in Ihrer Schwingung und stören die Energien des Kreises nicht. Aus eigener Erfahrung kann ich sogar ausdrücklich empfehlen, Katzen die Möglichkeit zu bieten, sich zu Ihnen zu gesellen. Katzen sind äußerst empfindsam für Energien und leisten großartige Hilfestellung bei magischen Ritualen. So haben sich meine Katzen meist am Rand des Schutzkreises hingesetzt und diesen bewacht und energetisch verstärkt.

Sobald Sie Ihre magische Arbeit beendet haben, ist es an der Zeit, den Schutzkreis wieder aufzulösen. Dafür gehen Sie genau umgekehrt vor, Sie beginnen also in der Mitte des Kreises, gehen dann in die nördliche „Ecke“ und laufen im Halbkreis weiter nach Westen, Süden und Osten. Dabei sprechen Sie in jede Himmelsrichtung einen Dank und entlassen die Elementargeister wieder. Auch hier gebe ich wieder nur die Entlassungsformeln für die Elementargeister vor, die von Ihnen angerufenen Wesenheiten des Äthers entlassen Sie bitte wieder mit eigenen, respektvollen Worten und einem Dank.

Wächter der Türme des Nordens,
Gnome, Herrscher über das erdige Element,
ich danke Euch für Euren Schutz und Eure Energie,
verlasst mich nun mit meinem Segen!
Wächter der Türme des Westens,
Undinen, Herrscher über das wässrige Element,
ich danke Euch für Euren Schutz und Eure Energie,
verlasst mich nun mit meinem Segen!
Wächter der Türme des Südens,
Salamander, Herrscher über das feurige Element,
ich danke Euch für Euren Schutz und Eure Energie,
verlasst mich nun mit meinem Segen!
Wächter der Türme des Ostens,
Sylphen, Herrscher über das luftige Element,
ich danke Euch für Euren Schutz und Eure Energie,
verlasst mich nun mit meinem Segen!

Anmerkung: Möglicherweise ist Ihnen aufgefallen, dass wir mal im Uhrzeigersinn und mal gegen den Uhrzeigersinn arbeiten, und fragen sich, was es damit auf sich hat. Um zu bestimmen, in welche Richtung Sie arbeiten müssen, gibt es einfach zu merkende Faustregeln:

- Anrufende, einladende oder aufbauende Tätigkeiten werden im Uhrzeigersinn ausgeführt.
- Bannende, entlassende oder auflösende Tätigkeiten werden gegen den Uhrzeigersinn ausgeführt.

Magie in der Praxis

DIE VIELFALT MAGISCHER RITUALE UND ZAUBER

„Magie ist gleich Wille mal Vorstellung minus Zweifel."
*~Andreas Tenzer (*1954), deutscher Philosoph und Pädagoge*

Mit diesem wundervollen Zitat begeben wir uns nun in die praktische Anwendung der Magie, in die Welt der Zauber und Rituale. Auch wenn wir streng genommen bereits von Beginn dieses Buches an magisch gearbeitet haben, haben wir uns doch mehr darum gekümmert, die notwendigen Grundlagen zu schaffen. Ich werde Ihnen nun die interessantesten und wichtigsten Bereiche der magischen Kunst vorstellen, dabei finden Sie zu jedem der folgenden Themen entweder Rituale und Zauber zum Nachmachen oder Vorschläge dafür, das vermittelte Wissen in der Praxis zu nutzen. Magie ist keine Wissenschaft, sondern vielmehr ein Handwerk und eine Kunstform, deshalb sollten Sie sämtliche folgenden Rituale lediglich als Anregung betrachten. Spüren Sie gut in sich hinein, ob sich möglicherweise Teile eines Rituals oder Zaubers für Sie nicht richtig, umständlich oder anderweitig falsch anfühlen. Das ist immer ein Zeichen, dass Ihre Intuition einen besseren, für Sie passenderen Weg kennt. Folgen Sie dieser Intuition dann bedingungslos, denn Magie ist immer nur so stark wie Ihr Glaube daran. Außerdem sollten Sie beachten, dass besonders Rituale von einer regelmäßigen Wiederholung leben. Für Anfänger ist es besonders schwierig, gleich bei der ersten Durchführung eines Rituals genügend Energie aufzubringen, um deutliche Ergebnisse zu bewirken. Es erfordert viel Übung und Regelmäßigkeit, um mit nur einem Ritual bereits den vollen Erfolg verbuchen zu können. Seien Sie geduldig, fangen Sie klein an und wertschätzen Sie jeden noch so kleinen Erfolg, dadurch wird Ihr Glaube gestärkt und Ihre magischen Fähigkeiten werden mit der Zeit wachsen.

DIE MAGIE DER FÜNF ELEMENTE

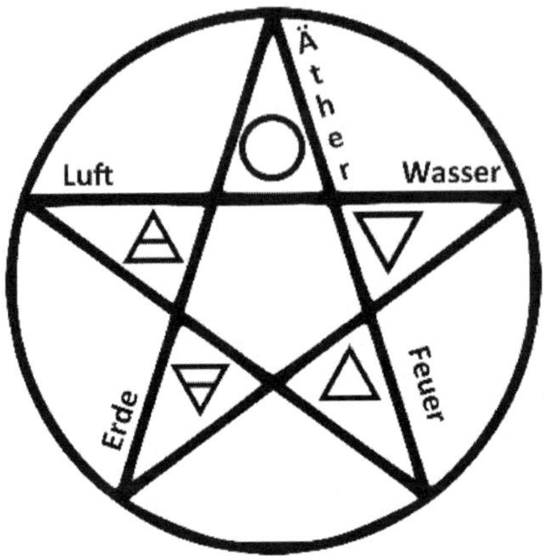

Eine der wichtigsten Grundlagen der Magie finden wir in der Lehre der fünf Elemente, wie wir im Kapitel über den Schutzkreis bereits festgestellt haben. Deshalb ist es nun an der Zeit, uns gründlicher damit zu befassen. Die Lehre dieser Elemente entstand bereits in der Antike und wurde vor allem durch die griechischen Philosophen Platon und Pythagoras, die beide stark in der Metaphysik verwurzelt waren, geprägt. Sie erkannten die fünf Elemente als das grundlegende Wesen aller Dinge, die Bestandteile allen Seins. Es handelt sich dabei um Erde, Wasser, Feuer, Luft und den Äther, und da es sich hierbei um die Grundbestandteile der Existenz handelt, repräsentiert jedes Element bestimmte Eigenschaften.

Diese Eigenschaften können wir uns in der Magie zunutze machen, indem wir die Elementarkräfte beschwören und unserem Willen unterwerfen. So hilft die Magie des Elements Erde zum Beispiel bei Fruchtbarkeits- und Glückszaubern oder die Magie des Feuers bei Zaubern, die der Erneuerung von etwas dienen. Die Elemente tatsächlich zu beherrschen, ist jedoch nicht so einfach, wie es im Kapitel über den Schutzkreis möglicherweise gewirkt haben mag. Eine einfache Anrufung der Elemente gelingt zwar jedem Anfänger, doch werden diese von den sogenannten Elementargeistern kontrolliert, und diese haben einen eigenen Willen.

Bei diesen Geistern handelt es sich um eine besondere Form der feinstofflichen Wesenheiten, denn im Grunde gehören sie weder in die Welt der grobstofflichen Materie, in der wir leben, noch in die feinstoffliche Welt. Ihre Schwingung liegt im Grunde genau zwischen diesen beiden Welten, sie ist höher als die der Menschen, Pflanzen und Tiere, aber niedriger als die der Engel, Geistführer und Götter. Sie bilden eine eigene Klasse von Geistwesen, die den Menschen mehr oder weniger gewogen sind. Dabei verspuren sie eine tiefe Faszination und Neugier für die Welt der Menschen, weshalb sie einer Anrufung jederzeit folgen. Solange von ihnen nicht zu viel verlangt wird, dienen sie uns gern, und im Falle des Schutzkreises müssen Sie nichts weiter tun, als innerhalb des Kreises zu verweilen und dort ihre Energie zu halten. Wer jedoch mehr von ihnen erwartet und sie seinem Willen unterwerfen will, muss ihnen in ihrem Element gleichwertig oder überlegen sein. Das bedeutet, wer die Kräfte des Feuers beherrschen will, darf keine Angst vor dem Feuer haben, denn dadurch würden die Elementargeister den Respekt vor dem Magier verlieren und ihren Dienst verweigern. Ich werde nun auf jedes Element einzeln eingehen, seine Eigenschaften und Elementargeister beschreiben und Anregungen geben, wie Sie zu einem Meister der Elemente werden können. Dieser Weg ist herausfordernd und verlangt großen Mut, deshalb sollten Sie sich bewusst sein, dass dies ein längerer Lernprozess sein wird, der sich jedoch sehr lohnend auf Ihre Fähigkeiten auswirken wird.

Äther

Als fünftes Element nimmt der Äther eine Sonderstellung unter den Elementen ein, denn er ist der **Ursprung und zugleich das Ende von allem** – Alpha und Omega. Aus ihm gehen alle anderen Elemente hervor und er ist die Vereinigung der Gegensätze. Da die vier irdischen Elemente sich in Polaritäten, also männliche und weibliche Energie, einteilen lassen und diese aus dem Äther hervorgehen, ist dieser sowohl Dunkelheit als auch Licht, sowohl männlich als auch weiblich. Für all jene, die mit den buddhistischen Lehren des Advaita Vedanta vertraut sind, lässt sich der Äther am besten mit dem Konzept der Nondualität gleichsetzen.

Er ist die Geburtsstätte allen Seins und gleichzeitig die Vereinigung von allem, was ist. Deshalb ist sein Symbol auch entweder ein Ei oder ein Kreis, wobei das Ei sich selbst erklärt. Der Kreis repräsentiert das göttliche Prinzip und die Vereinigung der Gegensätze. Im Schutzkreis entspricht der Äther sowohl der Mitte des Kreises als auch dem Kreis selbst, da er eben alles und zugleich nichts ist. Farblich wird er genauso durch Schwarz wie durch Weiß repräsentiert. Will man ihn symbolisch allein darstellen, also vor der „Geburt" der Existenz, repräsentiert er sich allein durch einen Kreis. Nimmt man die Existenz hinzu, ließe er sich als vierfach geteiltes Yin-Yang-Symbol darstellen, von denen jedes Viertel eines der vier Elemente Feuer, Luft, Erde und Wasser repräsentiert. Ein anderes

Symbol wäre eben das Pentakel, wie wir bereits besprochen haben. Anhand dieser Darstellung lässt sich zudem gut erkennen, dass die vier irdischen Elemente, die aus dem Äther hervorgehen, im Grunde selbst nicht einer rein männlichen oder rein weiblichen Energie unterliegen. Jedes Element enthält immer auch ein wenig der gegenteiligen Energie, man spricht hier auch von einer Durchmischung. Diese Durchmischung zeigt sich durch die Aggregatzustände der Elemente, denn aus Wasser kann durch Verdunstung auch Luft werden, wodurch es von flüssig zu gasförmig wird. Wird Erde mit Wasser vermischt, wird sie von fest zu flüssig und nimmt die Energie des Wassers ein. Luft kann durch Erhitzung zu Feuer werden und wird die Luft dem Feuer entzogen, erlischt es wieder. Die Elemente sind nicht wirklich trennbar, sondern vereint im Äther und somit voneinander abhängig.

Da der Äther somit alles zugleich ist, existieren keine Elementargeister im Äther, deren Schwingung dafür nicht hoch genug ist. Dem Äther werden alle tatsächlich feinstofflichen Wesenheiten zugeordnet, also Engel, Geistführer und die göttliche Energie. Dabei ist er nicht zu verwechseln mit der Astralebene, die ebenfalls Heimat von Wesenheiten ist, die nicht der körperlichen Ebene entspringen. Die Astralebene ist lediglich ein Teil des Äthers und beheimatet auch sehr niedrigschwingende Wesenheiten. Sie ist die Ebene, in der auch die Elementargeister leben, genauso wie jene Wesenheiten, die von der christlichen Kirche als Dämonen bezeichnet werden. Da die Astralebene jedoch eine sehr hohe Schwingungsbandbreite aufweist, sollten Sie die Elementargeister keinesfalls als dämonisch einstufen. Sie existieren eher an der oberen Grenze der Frequenzen der Astralebene, während Dämonen am unteren Ende des Spektrums stehen.

Wie Sie sich mit dem Äther verbinden

Wer mit seinen Ahnen, Schutzgeistern, Engeln oder Gottheiten kommunizieren und arbeiten möchte, muss in der Lage sein, sich mit der Sphäre zu verbinden, innerhalb derer diese Wesenheiten existieren, also dem Ur-Element des Äthers. Dies kann nur jenen gelingen, die sich selbst in innerer Balance und Harmonie befinden, das bedeutet, die eigene, innere Polarität muss ausgeglichen sein und es dürfen keine inneren Konflikte den Geist des Magiers beeinträchtigen. Einen solchen Zustand tatsächlich dauerhaft zu erreichen, ist zwar kaum möglich, es genügt jedoch, ihn gezielt für die Dauer der Kontaktaufnahme halten zu können. Deshalb wird die Verbindung mit dem Äther nur aus einem Zustand tiefer Meditation und Gedankenstille gelingen, den Sie am besten durch die Meditation des „geistigen Raums der Leere“ erreichen. Es existiert jedoch noch eine weitere Technik, die Ihnen helfen kann, in diesen Zustand zu gelangen, und die ich Ihnen als tägliche Meditation empfehlen möchte. Diese stammt aus dem Zen-Buddhismus, ist auch für Anfänger leicht durchzuführen und wird Ihnen bei regelmäßiger Anwendung helfen, grundsätzlich mehr mit sich selbst in Kontakt zu kommen und das ewige Geschnatter der Gedanken auch im Normalzustand immer besser kontrollieren zu können.Bevor Sie mit der Meditation beginnen können, überlegen Sie sich bitte ein Wort, welches keinerlei Bedeutung hat, ein „Nonsens-Wort“. Es darf auch in Ihnen persönlich keinerlei Assoziationen wecken und muss zweisilbig sein. Nehmen wir als Beispiel das Nonsens-Wort „lalie“. Legen oder setzen Sie sich nun bequem hin, schließen Sie die Augen und beginnen Sie, ruhig und tief zu atmen. Bei jedem Einatmen denken Sie die erste Silbe Ihres Nonsens-Wortes, also „la“, beim Ausatmen denken Sie die zweite Silbe, „lie“. Sobald sich andere Gedanken in Ihrem Geist zu manifestieren versuchen, ignorieren Sie diese und konzentrieren sich mit voller Geisteskraft auf Ihr Nonsens-Wort. Besonders hartnäckigen Gedanken, die einfach keine Ruhe geben wollen, können Sie begegnen, indem Sie kurz unterbrechen und zu diesen Gedanken sprechen: „Ich danke dir, dass du da bist, aber jetzt habe ich keine Zeit für dich. Ich werde mich nach der Meditation mit dir beschäftigen.“ Danach setzen Sie die Meditation fort, vergessen aber bitte nicht, sich im Anschluss tatsächlich mit den Gedanken auseinanderzusetzen, die Sie gestört haben.

Der Sinn dieser Meditation liegt in dem Nonsens-Wort, denn indem Sie sich auf etwas konzentrieren, das keinerlei Bedeutung hat, geben Sie Ihrem Geist kein Futter, auf das er sich stürzen kann, um neue Gedanken zu produzieren. Deshalb ist es so wichtig, dass Ihr Nonsens-Wort keinerlei Assoziationen in Ihnen weckt. Auf diese Art legen Sie Ihren Geist lahm und zwingen ihn zur Ruhe. Nach einer gewissen Zeit und mit etwas Übung werden Sie sich in einem Zustand wiederfinden, der sich am besten als „Der Beobachter“ beschreiben lässt. Es fühlt sich an, als würden Sie sich in einem dunklen Raum befinden, der von einer tiefen und friedlichen Stille erfüllt ist. Irgendwo am Rande dieses Raums sind möglicherweise noch leise Stimmen wahrnehmbar, jedoch können Sie nicht mehr verstehen, was diese sagen, und es interessiert Sie auch nicht. Ihr Fokus wandert nicht zu diesen Stimmen, sondern nimmt eine übergeordnete Position ein, Ihr Geist hat sich geöffnet und tritt in Verbindung mit der Sphäre des Äthers.

Erde

Das Element der Erde wird symbolisiert durch ein nach unten weisendes Dreieck mit einer horizontalen Linie in der Mitte. Dieses Element kennzeichnet sich besonders durch seine **weibliche Energie**, denn die Erde ist die Mutter allen irdischen Seins. Wir alle gehen aus ihr hervor und kehren eines Tages wieder zu ihr zurück, indem wir nach unserem Tod selbst wieder zu Erde werden. Deshalb gehören **Geburt, Wachstum** und **Tod** zu den wichtigsten, übergeordneten Themen dieses Elements, welches das Leben selbst und damit auch die Natur repräsentiert. Alle Pflanzen, Tiere (inklusive des Menschen), Gebirge und damit natürlich auch Steine und Mineralien unterstehen dem Element der Erde. Das bedeutet: Auch wenn ein Heilstein vordergründig einem anderen Element zugeordnet wird, wie zum Beispiel der Rubin dem Feuer, gehört er trotzdem zum Element Erde. Da Erde auch viel mit Verwurzelung zu tun hat, wird sie dem Wurzel-Chakra als Element zugeordnet, sie hat jedoch ebenfalls eine Verbindung zum Herz-Chakra. Dies begründet sich darin, dass Erde das Element der Natur ist, welche durch die Farbe Grün repräsentiert wird. Grün ist wiederum die Farbe des Herz-Chakras und dessen Thema, die Liebe, drückt sich im Element Erde in der Liebe zum Leben und der Natur aus.

Weitere Themen dieses Elements sind **Bodenhaftung, Erdung, Sicherheit, Stabilität, Autonomie, Selbstliebe, mentale, emotionale und physische Stärke und materielle Fülle**. Die Erde gibt uns die Stärke und den Halt, zu wachsen und uns selbst zu verwirklichen, doch sie lehrt uns auch die Vergänglichkeit allen Seins und den Kreislauf des Lebens. Wer sich mit der Erde verbindet und ihre Botschaft versteht, kann seine Angst vor dem Tod überwinden. So wie der Samen im Winter in der Erde ruht, um im Frühling auszutreiben und neues Leben hervorzubringen, ist auch der Tod vergänglich und lediglich eine Pause innerhalb unserer Reise durch die Existenz. Wir werden geboren, leben und sterben, dann kehren wir in den Schoß der großen Mutter zurück, um uns dort für unsere nächste Existenz auszuruhen.

- **Elementargeister**: Gnome
- **Passende Opfergaben**: Alle Arten von Nüssen und Samen, Gegenstände aus Edelmetallen, vor allem Gold, korrespondierende Heilsteine und -kräuter
- **Himmelsrichtung**: Norden
- Elementarkräfte sind hilfreich bei folgenden **Themen**: Wachstum, Fruchtbarkeit, Schutz, Stärke, Geburt und Tod, Fülle und Reichtum (sowohl geistig als auch materiell), Heilung und Gesundheit, Erdung, Körperwahrnehmung
- **Korrespondierende Farben**: Schwarz, Grün- und Brauntöne
- **Korrespondierende Sternzeichen**: Jungfrau, Steinbock und Stier
- **Heilsteine**: Moosachat, Obsidian, Onyx, schwarzer Turmalin, Smaragd
- **Heilpflanzen**: Efeu, Eisenkraut, Eiche, Schwarzwurz, Farn, Zypresse, Geißblatt

Wasser

Das Element des Wassers wird repräsentiert durch ein nach unten weisendes Dreieck und steht, wie das Element Erde, für die **weibliche Energiepolarität**. Wasser ist das Element der **Gefühle**, der **Kreativität** und der **Intuition** und herrscht somit über alles, was unser Verstand nicht greifen kann. Es hilft uns dabei, unsere inneren Untiefen auszuloten und zu ergründen, unsere wahren Gefühle zu erkennen und auch, diese in kreativer Form zum Ausdruck zu bringen. Das Reich der Träume, welches sich unserem analytischen Verstand entzieht, ist sein Herrschaftsgebiet und in der Traumdeutung ist Wasser das Symbol für Emotionen. **Dieses Element bringt uns in Kontakt mit unserem wahren Selbst, doch trifft es dabei keinerlei Wertung.** Was auch immer in uns ist, wird durch den Spiegel des Wassers offenbar – das Gute wie das Negative. So konfrontiert es uns auch mit unseren eigenen, inneren Dämonen, unserem Schatten und unseren ungeheilten Wunden. Dabei bringt es durch seine reinigende Kraft auch die Chance zur Transformation mit, für all jene, die gewillt sind, sich ihren dunklen Seiten zu stellen. Bei der Arbeit mit den eigenen Schatten können diese Elementarkräfte deshalb eine große Hilfe sein.

In der energetischen Qualität dieses Elements zeigt sich die Dualität, die jedes der Elemente prägt, am deutlichsten. Wir ordnen jedem Element eine bestimmte Polarität zu, im Falle des Wassers die weibliche, doch finden wir gerade im Wasser sowohl Dunkelheit als auch Licht. Die Dunkelheit zeigt sich in Form unserer Träume, unserer Intuition und unseres Schattens, das Licht finden wir in der reinigenden, transformativen Kraft, die uns durch diese Selbsterkenntnis geschenkt wird. Wasser ist der Ursprung, der Quell unseres Seins, wir alle beginnen unser Leben in diesem Element, in Form des Fruchtwassers, welches uns im dunklen Mutterleib umgibt. Deshalb ist dieses Element auch die Quelle all jener Eigenschaften, die der lichten Welt des Verstandes verborgen bleiben, vor allem aber der Intuition. Wer den Zugang zu sich selbst verloren hat oder wessen kreative Energie erloschen scheint, findet in den Kräften des Wassers Erfrischung, Heilung und neue Energie. Wie sich aus den Themen dieses Elements deutlich erkennen lässt, hat es eine starke Verbindung zum Sakral-Chakra, da Emotionen und Liebe aber ebenfalls zu diesen Themen gehören, existieren auch ansatzweise Verbindungen zum Solarplexus- und Herz-Chakra.

- **Elementargeister**: Undinen
- **Passende Opfergaben**: Schöne Muscheln oder Häuser von Wasserschnecken, Gegenstände aus Silber, korrespondierende Heilsteine und -kräuter
- **Himmelsrichtung**: Westen
- Elementarkräfte sind hilfreich bei folgenden **Themen**: Intuition, Traumarbeit und luzides Träumen, außerkörperliche Erfahrungen, Divination, Reinigung, Heilung (besonders mental und emotional), Liebe und Klärung von Emotionen, Trauer.
- **Korrespondierende Farben**: Blau, Türkis
- **Korrespondierende Sternzeichen**: Skorpion, Fische, Krebs
- **Heilsteine**: Aquamarin, Mondstein, Lapislazuli, Jade, Chalzedon, Sugulit
- **Heilpflanzen**: Apfelblüten, Hibiskus, Jasmin, Zitronenmelisse, Katzenminze, Kamille, Narzisse, Holunder, Weide

Luft

Das Element Luft wird durch ein nach oben weisendes Dreieck mit einer horizontalen Linie in der Mitte repräsentiert. Die Luft ist der **Herrscher über die mentalen Kräfte und unterliegt somit der männlichen Energie**. Der ungetrübte, analytische **Verstand**, die Ansammlung von **Wissen**, das Erlangen von **Weisheit**, aber auch **Kommunikation** auf und mit allen Ebenen sind Thema dieses Elements. Auf der Suche nach Wahrheit gibt uns die Luft **Objektivität, Vernunft und Rationalität**, aus denen wiederum der Sinn für wahrhaftige Moral und Gerechtigkeit entsteht. Die Energien der Luft allein würden uns jedoch schnell vom rechten Pfad abbringen, denn wir benötigen auch die weibliche Energie des Wassers, um sie mit der männlichen Luftenergie auszubalancieren. So ergänzt Luft die Energien des Wassers auf eine vervollkommnende Art und Weise und erlaubt es uns dadurch, innere Balance zu finden. Wo die Intuition den Weg vorgibt, prüft der analytische Verstand die Umsetzbarkeit dieses Weges. Echte Weisheit, die zu den Attributen des luftigen Elements zählt, lässt sich nur finden, wenn Rationalität und Emotionalität Hand in Hand gehen. Das Wissen, welches wir uns mit den Kräften des Verstandes und somit des luftigen Elements aneignen, wird ergänzt durch ein tieferes Verstehen auf der emotionalen Ebene, ermöglicht durch die Kräfte des Wassers. An dieser Stelle zeigt sich eines sehr deutlich: Keines der Elemente steht für sich allein, da sie alle voneinander abhängen und sich gegenseitig ergänzen. Wer die Magie der Elemente beherrschen will, darf sich nicht nur auf eines der Elemente konzentrieren, sondern muss sie alle meistern.

Dies zeigt sich besonders deutlich, wenn es um die magische und mediale Arbeit geht. Intuition, die der Energie des Wassers entspringt, hilft uns, mit anderen Ebenen in Kontakt zu treten. Die Kräfte der Luft lehren uns dann, wie wir mit diesen Ebenen auch kommunizieren können, so dass aus einer einseitigen, lediglich Information empfangenden Verbindung eine zweiseitige wird, auf der Informationen getauscht werden können. Doch nicht nur die Kommunikation mit anderen Ebenen unterliegt dem Element der Luft, sondern auch die mit uns selbst und anderen Menschen. Die Ebene unserer Gedanken und Glaubenssätze und dadurch auch die Art, wie wir uns selbst behandeln, genauso wie unsere Ausdruckskraft und die daraus resultierende Ausstrahlung unterliegen diesem männlichen Element. An dieser Stelle wird deutlich, dass die Luft die stärkste Verbindung zum Hals-Chakra aufweist, gleichzeitig aber auch bereits das Stirn-Chakra angesprochen wird, da hier die Schnittstelle zu anderen Ebenen liegt.

- **Elementargeister**: Sylphen
- **Passende Opfergaben**: Schöne Federn (keine künstlichen), korrespondierende Heilsteine und -kräuter
- **Himmelsrichtung**: Osten
- Elementarkräfte sind hilfreich bei folgenden **Themen**: Geistige Fähigkeiten, Konzentrationskraft, Visualisierungsfähigkeiten, Steigerung von und Zugreifen auf Wissen (auch höheres Wissen aus anderen Dimensionen), Kommunikation, Ausdruckskraft, mentale Stärke, Gerechtigkeit, Weisheit, Atmung (bei Heilungszaubern für alles, was die Atmung beeinträchtigt).
- **Korrespondierende Farben**: Sonniges Gelb, Weiß
- **Korrespondierende Sternzeichen**: Waage, Wassermann, Zwilling
- **Heilsteine**: Citrin, Beryll, Chrysoberill, Rutilquartz
- **Heilpflanzen**: Löwenzahn, Veilchen, Lavendel, Bergamotte, Zitronengras, Huflattich, Klee, Schafgarbe, Nelken

Feuer

Das Element des Feuers wird durch ein nach oben weisendes Dreieck symbolisiert und entspricht, wie das Element Luft, der **männlichen Energie**. Diesem Element unterstehen vor allem Eigenschaften, die mit Energie zu tun haben, wie **Stärke** und **Kraft**, das Potenzial zur **Machtausübung**, aber auch **Zerstörung**, **Reinigung** und **Transformation**. So wie ein Feuer mit verheerender Zerstörungswut einen Wald niederbrennen und auslöschen kann, schafft es damit auch Raum für neues Leben. So haben sich Bäume in Gebieten mit regelmäßigen Waldbränden das Feuer nutzbar gemacht, ihre Samen sind derart hart verkapselt, dass einzig die Kraft des Feuers sie aufsprengen und damit keimfähig machen kann. Auch ein Fieber, das unseren Körper befällt, ist nicht von Zerstörungskraft allein geprägt, sondern birgt in sich auch das Potenzial für Heilung, indem es die Krankheitserreger vernichtet. Dadurch wird Opferbereitschaft zu einem der zentralen Themen des Feuers, denn dieses Element lehrt uns, dass nur dann etwas Neues entstehen kann, wenn das Alte dem Neuen weicht, um Platz dafür zu schaffen.

Das Feuer symbolisiert unsere Lebensenergie und Vitalität, seine feinstofflichen Energien können uns den Mut schenken, Herausforderungen anzunehmen und über uns selbst hinauszuwachsen. In Auseinandersetzungen oder Kämpfen verleiht es uns Stärke und es kann unseren Willen entfachen, unser Schicksal in die eigene Hand zu nehmen. Die Macht, die das Feuer mit sich bringt, sollte jedoch mit Bedacht genutzt werden, damit aus einem einfachen Feuer nicht ein Flächenbrand wird, der mehr Zerstörung als Nutzen bringt. Die Kräfte des Feuers zu kontrollieren, gelingt nur jenen, welche die Kräfte aller Elemente harmonisch in sich zu vereinen wissen. Den offensichtlichsten Bezug hat dieses Element somit zum Solarplexus-Chakra, welches der Sitz unserer Lebensenergie ist und gleichzeitig der Quell unserer Autonomie, es besteht jedoch auch eine Verbindung zum Sakral-Chakra.

- **Elementargeister**: Salamander
- **Passende Opfergaben**: Alles, was Ihnen am Herzen liegt, deshalb ein echtes Opfer darstellt und sich verbrennen lässt, korrespondierende Heilsteine und -kräuter
- **Himmelsrichtung**: Süden
- Elementarkräfte sind hilfreich bei folgenden **Themen**: Transformation, Stärke, Mut, Macht, Kämpfe, Willensstärke, Heilung (besonders bei mentalen Erkrankungen), negative Glaubenssätze, Neuanfänge
- **Korrespondierende Farben**: Orange, Rot
- **Korrespondierende Sternzeichen**: Schütze, Löwe, Widder
- **Heilsteine**: Rubin, Rhodochrosit, Granat, Rosenquarz
- **Heilpflanzen**: Wacholder, Pfefferminze, roter Pfeffer, Brennnessel, Ingwer, Ringelblume

Arbeit mit den Elementargeistern

Wer die Kräfte eines Elementes für seine Magie nutzen möchte, muss sich den Elementargeistern als ebenbürtig erweisen. Diese Wesen werden sich keinem Magier unterwerfen, der nicht vollkommen sicher in ihrem Element ist. In Bezug auf das Element Erde bedeutet dies, dass der Magier vor allem keine Angst vor Höhe haben darf und sicheren Halt im Leben allgemein haben muss. Wer die Salamander beherrschen möchte, darf das Feuer nicht scheuen und keine Angst vor Veränderung haben. Die Sylphen folgen, wie die Gnome, nur jenen, die keine Angst vor Höhe haben und auch den stärksten Stürmen trotzen. Die Beherrschung der Undinen gelingt nur dem, der sich in ihrem Element zu Hause fühlt und auch bei starker Strömung oder schweren Wellen noch zu schwimmen weiß. Neben diesen offensichtlichen, der physischen Welt zugehörigen Attributen der Elemente darf man ihre geistigen und emotionalen Attribute jedoch genauso wenig außer Acht lassen, will man sich die Elementargeister unterwerfen. Wie ich bereits einleitend schrieb, ist es eine Sache, Elementargeister in einen Schutzkreis zu rufen und zum Bleiben zu bringen, wer jedoch darüber hinaus auf ihre Hilfe zählen möchte, muss sich zu ihrem Meister machen. Die Beherrschung der Elemente ist zwar nichts, was einem Anfänger der Magie gelingen wird, sollte jedoch zu den Zielen jedes ernsthaft Praktizierenden gehören. Auch als Anfänger in der

Magie kann man sich diesem Ziel bereits annähern und man sollte am besten damit beginnen, dafür zu sorgen, dass die jeweiligen Elementargeister einem freundlich gesonnen sind. Dies kann zunächst durch Opfergaben an die Elementargeister erreicht werden, die ich bereits passend zu jedem Element genannt habe.

Besonders wertgeschätzt wird von allen Elementarwesen jedoch etwas, das Ihre persönliche Energie in sich trägt, zum Beispiel ein paar Haare oder ein Tropfen Ihres Bluts. Damit können Sie eine starke Verbindung zu diesen Wesen herstellen, die jedoch gepflegt werden muss. Opfergaben an die Elementargeister bringt man am besten in ihrem eigenen Element dar, im Falle der Gnome sollten Sie einen abgelegenen Ort in der Natur wählen, vorzugsweise im Gebirge oder einer Hügellandschaft. Für die Undinen ist jede Form eines Gewässers die beste Wahl, das Opfer sollte dabei dem Wasser übergeben werden. Ein Opfer für die Sylphen übergibt man dem Wind und Opfer für die Salamander werden dem Feuer übergeben. Wer keine Gebirge, Hügel oder Gewässer in seiner Umgebung findet, sollte seiner Intuition folgen, um einen passenden Ort in der Natur zu wählen. Sprechen Sie dann zu den Elementarwesen, dies können Sie laut tun oder im Geiste, seien Sie sicher, dass Sie gehört werden. Erklären Sie, warum Sie dieses Opfer darbringen, und bezeugen Sie Ihren Respekt und Ihre Ehrfurcht. Dies sollten Sie nicht nur einmal tun, sondern regelmäßig wiederholen, Ihre Intuition wird Ihnen mitteilen, wann die Zeit dafür reif ist.

Im nächsten Schritt sollten Sie daran arbeiten, sich den Respekt dieser Wesen zu verdienen, indem Sie zu einem Meister des Elementes werden. Im Falle der Erde gehört dazu viel Schattenarbeit und die Konfrontation mit allem, was Ihnen Angst macht – entwickeln Sie echte Integrität und eine stabile Persönlichkeit. Eine geeignete „Abschlussprüfung" wäre das Erklettern einer Steilwand, vorzugsweise während eines starken Sturms. Diese Prüfung würde sich genauso anbieten für das Element Luft. Wer das Wasser beherrschen will, sollte das Wasser bezwingen, also gegen starke Strömungen und Strudel oder bei einem Sturm schwimmen. Eine Prüfung für das Element des Feuers erfordert eine besondere Gelegenheit und lässt sich nicht planen, denn dafür sollten Sie sich den Gefahren eines Feuers aussetzen, um jemanden zu retten, zum Beispiel aus einem brennenden Haus. Es mag sich ein wenig fahrlässig anhören, so etwas vorzuschlagen, doch ist ernsthafte Magie keine Spielerei und wahre Meisterschaft ist in keinem Bereich des Lebens ohne Risiko- und Opferbereitschaft zu erreichen. Wie weit Sie selbst zu gehen bereit sind, liegt natürlich immer bei Ihnen, doch sollten Sie sich zumindest bewusst sein, wie weit Magie gehen kann und was diese von Ihnen als Mensch fordert.

Haben Sie all diese Schritte erfolgreich durchlaufen, fehlt noch eine letzte Stufe: Die Elemententaufe. Dabei handelt es sich um eine Erfahrung auf geistiger Ebene, die sich jedoch vollkommen real anfühlt und Ihnen alles abverlangen wird. Deshalb sollten Sie sich dieser Prüfung keinesfalls voreilig stellen, denn wenn Sie nicht bereit dafür sind, kann diese Erfahrung sich sehr traumatisch gestalten. Im Falle des Elementes Erde werden Sie möglicherweise mit einem Erdbebenszenario konfrontiert und sind gefordert, sicheren Halt zu finden. Alles, was im Zusammenhang mit dem Element steht, kann Bestandteil dieser Taufe werden und da die Erde auch über den Tod wacht, könnten Sie auch die Erfahrung Ihres eigenen Todes durchleben müssen, besonders, wenn Sie Angst vor dem Sterben haben. Bei meiner eigenen Wassertaufe musste ich mich meiner Angst vor dem Ertrinken stellen, dabei fand ich mich in einem reißenden Fluss wieder, dessen Strömung mich wild umherwarf und mich schließlich in einen Strudel spülte, in dem ich ertrank. Im Anschluss daran wurde ich selbst zu Wasser und nahm seine sämtlichen Erscheinungsformen an.

Die Elemententaufe ist zwar eine rein geistige Erfahrung, Sie müssen sich diese jedoch wie einen vollkommen realen Traum vorstellen, in dem Ihnen nicht bewusst ist, dass Sie träumen. Wenn Sie sich dafür tatsächlich bereit fühlen, bereiten Sie sich mit Hilfe der Technik des geistigen Raums der Leere vor, dann ziehen Sie einen Schutzkreis und treten innerhalb des Kreises mit den jeweiligen Elementargeistern in Kontakt. Bringen Sie ein Opfer dar, in diesem Fall ist ein Tropfen Blut, den Sie mit dem jeweiligen Element vermischen, am besten geeignet. Nach dem Ritual sollten Sie die Überreste der Opfergabe der Natur übergeben. Bitten Sie dann darum, dass die Geister des jeweiligen Elements Sie der Prüfung der Elemententaufe unterziehen, und lassen Sie zu, dass diese die Kontrolle über Ihren Geist übernehmen.

MAGIE UND DIE WELT DER GÖTTER UND GÖTTINNEN

Auch wenn es im Wicca kein „Muss“ gibt, ist es zur erfolgreichen Anwendung von Magie durchaus von Vorteil, **sich für ein Pantheon von Göttern zu entscheiden,** mit denen man arbeiten will. Unter Pantheon versteht man die gesamte Gruppe aller Götter, die einer polytheistischen Religion zugehören. Wicca geht immerhin auf das Heidentum zurück und basiert deshalb auf dem Glauben an die Götterwelt. Nun existiert jedoch nicht nur ein Pantheon von Göttern, sondern eine große Vielzahl: Das griechische, das römische, das nordische oder germanische und das ägyptische Pantheon gehören dabei zu den im Wicca-Glauben am häufigsten verehrten. Anfänger in der Magie sollten sich deshalb zunächst einmal mit den Göttern beschäftigen und für sich herausfinden, welches Pantheon in ihnen ein Gefühl der Verbundenheit oder Vertrautheit erzeugt. Doch warum brauchen wir die Götter für die Ausübung von Magie? Es ist zwar nicht zwingend erforderlich, seine magische Arbeit den Göttern zu weihen, dies kann jedoch überaus hilfreich sein. Jede Gottheit verkörpert einen bestimmten Bereich des Lebens, über den sie herrscht, genauso wie bestimmte Charakterzüge und Fähigkeiten. Indem wir die Götter in unsere Arbeit mit einbeziehen, können wir ihre Energien für uns nutzen und mächtige Unterstützung erlangen.

Viele Wicca-Anhänger wählen zudem noch eine persönliche Gottheit aus, der sie Treue und Loyalität schwören und mit der sie hauptsächlich zusammenarbeiten. Die Götter zu verehren, darf man sich jedoch nicht als unterwürfige Angelegenheit vorstellen, wie es zum Beispiel im Christentum der Fall ist. Sie sind vielmehr als gleichwertige Wesenheiten zu betrachten, auch wenn sie über erweiterte Fähigkeiten verfügen. Es geht also darum, ihnen Respekt entgegenzubringen und in ihrem Sinne zu leben, deshalb versteht sich die „Verehrung“ der Götter eher als Partnerschaft. Wir bringen ihnen Opfergaben dar in Form von Speisen, Getränken oder unserer Energie, wir ehren sie, indem wir selbst ein rechtschaffendes Leben führen und ihr Andenken lebendig erhalten. Im Gegenzug führen sie uns und leiten uns in unserer Magie an, verstärken diese sogar. In tiefer Meditation ist es möglich, mit ihnen in Kontakt zu treten und so von ihnen Antworten zu erhalten und zu lernen. Die Technik der Invokation ermöglicht es uns, eine Gottheit einzuladen, in unseren Körper einzutreten und so durch uns zu wirken. Dies kann besonders nützlich sein, wenn unsere magischen Fähigkeiten allein nicht genügen, ein bestimmtes Ziel zu erreichen. Wer mit den Göttern arbeitet und sich ihnen gegenüber als loyal erweist, genießt ihren Schutz und wandelt auf gesegneten Pfaden. Deshalb steht die Wahl eines Pantheons und einer persönlichen Gottheit immer am Anfang eines magischen

Weges. Da eine übergroße Vielzahl an unterschiedlichen Pantheons existiert und jedes einzelne über die gleiche Vielfalt an Gottheiten verfügt, könnte man darüber ein ganz eigenes Buch füllen. Deshalb werde ich hier nur eines in aller Kürze vorstellen, welches im deutschsprachigen Raum überwiegend von Wicca-Anhängern verehrt wird: das nordische oder germanische Pantheon. Es handelt sich hierbei immerhin um die Götter unserer Ahnen, die allein deshalb besonders geneigt sind, sich mit uns zu verbinden.

Wer sich mit diesem Pantheon jedoch nicht identifizieren kann, dem steht es selbstverständlich frei, sich nach einem anderen umzusehen. In der Literatur und im Internet existiert eine Vielzahl von Quellen, die ausführlich Auskunft geben können, um das passende Pantheon zu finden. Für ein tiefergehendes Studium des germanischen Pantheons empfehle ich als Einstiegslektüre die Edda, eine Sammlung von Texten, die in zwei unterschiedlichen Varianten daherkommt. Die Snorri-Edda ist in prosaischer Form geschrieben, während die poetische oder die Lieder-Edda ausschließlich aus alten Liedern über die Welt der Götter besteht. Beide stammen aus dem 12. Jahrhundert und befassen sich ausführlich mit dem überlieferten Götterwissen. Darüber hinaus finden Sie im Quellenverzeichnis eine gute Auswahl an weiterführender Literatur.

Nun möchte ich im Folgenden die wichtigsten Gottheiten des germanischen Pantheons vorstellen, wobei zu beachten ist, dass es sich hierbei nicht um eine vollständige Aufzählung handelt. Dabei konzentriere ich mich außerdem lediglich auf die von den jeweiligen Gottheiten verkörperten Eigenschaften, die für eine magische Zusammenarbeit wichtig sind. Diese Eigenschaften erklären sich aus der Geschichte der jeweiligen Gottheit, die ich aus Gründen der Relevanz an dieser Stelle ebenfalls nicht ausführen werde. In der weiterführenden Literatur werden diese Geschichten ausführlich behandelt.

Odin

Odin, auch als Wodan oder im englischsprachigen Raum als Wotan bekannt, trägt den Beinamen „Allvater“. Er ist das Oberhaupt und der **Anführer der nordischen Götter** und verkörpert eine Vielzahl interessanter Eigenschaften. So ist er zunächst ein **furchterregender Krieger**, eine Eigenschaft, die ihm seinen Namen verlieh. Aus dem Altnordischen übersetzt bedeutet Odin „der Wütende“ oder „der Zornige“, aber auch „der Leidenschaftliche“ und „der Inspirierte“. Diese Inspiration finden wir in Odins zweiter tragender Eigenschaft, seiner **Weisheit und List**, die sich aus seinem tiefen magischen Wissen schöpfen. Odin ist ein ruheloser Reisender, immer danach bestrebt, sein Wissen und damit seine Macht weiter auszubauen. Er beherrscht die Kunst des Gestaltwandelns und neigt dazu, seine Anhänger Prüfungen zu unterziehen. Sein Wesen lässt sich als äußerst charismatisch, scharfsinnig und respekteinflößend bezeichnen. Odin brachte uns Menschen die Runen und damit auch deren Nutzung, er selbst erhielt das Wissen darüber während seiner neuntägigen Initiation, die er kopfüber an einem Baum hängend verbrachte. Wer sein magisches Wissen, besonders das über die Runen, erweitern oder seine Hellsicht schulen möchte, findet in Odin einen weisen Ratgeber. Genauso kann Odin bei allen Fragen zur richtigen Strategie sehr hilfreich sein.

Frigg

Frigg, die häufig auch als Frigga bezeichnet wird, ist die **Gemahlin Odins** und herrscht mit ihm gemeinsam über die anderen Götter. Über ihren Charakter ist nur wenig bekannt und ihre Aufgabengebiete waren relativ weit gestreckt. Sie wird hauptsächlich als die **Göttin der Ehe und Familie, des Haushalts und der Fruchtbarkeit** angesehen, darüber hinaus gehören auch **Liebe** und **Sexualität** zu ihrem Machtspektrum. Manche schreiben ihr auch sämtliche Gebiete der Medialität zu, weshalb Experten immer wieder vermuten, dass die Göttinnen Frigg und Freya im Grunde dieselbe Person gewesen sein könnten. Die Unterschiede zwischen beiden sind sehr geringfügig und innerhalb Deutschlands wurde jeweils nur eine von beiden verehrt: Im Süden Freya und im Norden Frigg. Einer der Unterschiede zwischen beiden Göttinnen liegt wohl in der grundlegenden Einstellung zur Sexualität, denn Frigg ist eher konservativer Natur, während Freya ihre Sexualität sehr freizügig auslebt. Wer Unterstützung bei einem Heilungs- oder Fruchtbarkeitszauber benötigt, ist mit Frigg sehr gut beraten. Zudem kann sie eine große Hilfe dabei sein, die eigenen, medialen Fähigkeiten weiter auszubauen.

Balder

Balder, auch als Baldur bekannt, ist **einer der beiden Söhne von Odin und Frigg**. Er soll der schönste unter allen Göttern gewesen sein, was sich nicht nur auf sein äußeres Erscheinungsbild bezieht, sondern auch auf sein Wesen und seine Seele. Die Bedeutung seines Namens ist nicht abschließend geklärt, am wahrscheinlichsten ist jedoch die These, dass Baldur „der Strahlende" bedeutet. Er wurde unter den Göttern von allen besonders geliebt und sein größtes Talent lag in der **Schlichtung von Streitigkeiten und Konflikten**, da er über die größte Weisheit von allen verfügte. Balder fand jedoch ein frühzeitiges Ende und verweilt mittlerweile in der Unterwelt. In der magischen Praxis wird er eher selten zur Unterstützung angerufen, jedoch ist er immer ein guter, gerechter und weiser Ratgeber, mit dem man sich innerhalb der Meditation verbinden kann.

Freya

Die Göttin Freya, die wie bereits erwähnt große Ähnlichkeit mit Frigg hat, wird auch als **Göttin der Liebe, Fruchtbarkeit und Sexual**ität betrachtet, jedoch verfügt sie über zwei weitere, wichtige Eigenschaften. Freya gehört nicht zum gleichen Göttergeschlecht wie die restlichen Götter, denn sie stammt aus einer anderen Welt. Sie gehört zum Volk der Wanen, während die anderen Götter Asen sind. Die Asen sind ein sehr kriegerisch orientiertes Volk, während die Wanen sehr friedliebend sind und sich eher dem Ackerbau und einem Leben im Einklang mit der Natur verschrieben haben. Während des großen Krieges wurden sie und ihr Bruder als Friedenspfand zu den Asen gebracht, wo sie seither leben. Die Wanen sind bekannt für ihre besonderen magischen Fähigkeiten, besonders im Bereich der Weissagung. Diese Magieform ist auch als Seidr-Magie bekannt und Freya hat Odin darin unterrichtet. Somit kann man Freya vor allem als die Göttin der Magie betrachten, denn ihre Fähigkeiten in diesem Bereich übersteigen die Odins bei weitem. Darüber hinaus ist sie auch die Göttin des Krieges, sie ist eine überragende Kriegerin, die sich durch besonderen Mut und Tapferkeit auszeichnet. Deshalb ist Freya eine gute Wahl für jeden, der Hilfe benötigt, um sich magisch zu verteidigen. Doch auch in Fragen der Magie und der Liebe kann sie großartige Hilfestellung bieten.

Freyr

Bei Freyr handelt es sich um **Freyas Zwillingsbruder**, weshalb er ebenfalls zum Geschlecht der Wanen gehört. Neben Balder gehört er zu den beliebtesten aller Götter des nordischen Pantheons, was vor allem seinem **großherzigen, gerechten und gutmütigen Wesen** zu verdanken ist. Er ist der **Gott des Wohlstands und der Fülle, des Friedens und der Fruchtbarkeit**. Auch wenn Fruchtbarkeit zu den Eigenschaften mehrerer Götter gehört, ist Freyr in diesem Bereich der beste Ansprechpartner, besonders in Fällen eines unerfüllten Kinderwunsches. Er wird auf Bildern meist mit einem riesigen, erigierten Penis dargestellt, um diesen Aspekt seines Wesens zu betonen. Fruchtbarkeit bezieht sich in Freyrs Fall jedoch auch auf die Fruchtbarkeit des Landes, denn die Wanen sind im Gegensatz zu den eher kriegerischen Asen ein friedliebendes Bauernvolk. Deshalb kann Freyr in allen Fragen rund um Landwirtschaft oder Pflanzenkunde eine besondere Hilfe sein. Wer den Frieden in einer Gemeinschaft wieder herstellen und festigen möchte, sollte sich ebenfalls an diesen Gott wenden.

Thor

Der Gott Thor, der wohl den meisten Menschen durch seine Rolle in den Avenger-Filmen bekannt sein dürfte, ist in der Mythologie der Gott der Stürme und des Wetters. Dies wird schon allein daraus ersichtlich, dass sein Name übersetzt „Donner" bedeutet und er häufig auch als der „Donnergott" bezeichnet wird. Er verfügt jedoch noch über einige andere Attribute, so wird er zum Beispiel als ein **Symbol der Männlichkeit** betrachtet. Sein herausragender **Mut** und seine übermenschliche **Stärke** machen ihn neben Freya zu einem weiteren **Gott des Krieges**. Jedoch verfügt er über ein sehr aufbrausendes Wesen, was in einer sehr unangenehmen, wilden Energie für all jene bemerkbar wird, die mit ihm arbeiten wollen. Diese Energie ist derart stark und beherrschend, dass es beinahe unmöglich wird, sich ihr zu widersetzen. So werden magische Adepten leicht verführt, sich dem rasenden Zorn des Thor zu stark hinzugeben, und richten damit meist großen Schaden an. Aus diesem Grund rate ich dringend davon ab, Thor in die magische Arbeit einzubeziehen. Ich habe nur deshalb entschieden, Thor hier aufzuführen, weil viele ihn durch die Avenger-Filme kennen und dort ein völlig verzerrtes Bild von ihm wiedergegeben wird. In Wahrheit ist seine Energie mit weißer Magie vollkommen inkompatibel.

Tyr

Auch der Gott Tyr ist als herausragender **Krieger** bekannt, doch seine **Tapferkeit** im Kampf gehört weniger zu den Fähigkeiten oder Attributen, derentwegen er verehrt wird. Bei Tyr stehen eher andere Eigenschaften im Vordergrund, denn keiner der Götter ist weiser und gerechter als er. Damit an dieser Stelle keine Verwirrung aufkommt, da ich den Gott Balder bereits als den weisesten aller Götter bezeichnet habe, muss ich hier darauf hinweisen, dass Balder in der Unterwelt verweilt, da er getötet wurde. Deshalb ist Tyr der weiseste unter den noch lebenden Göttern. Aus diesem Grund steht sein Name vor allem für die Gerechtigkeit, genauso aber auch für besonderen Mut. Diesen Mut bewies er, als er dabei half, den gigantischen Wolf Fenrir zu bändigen, und dabei seinen Arm verlor. Das macht Tyr zu einem großartigen Helfer in rechtlichen Angelegenheiten, zum Beispiel bei gerichtlichen Verhandlungen. Wer seinen Beistand erbittet, kann sich seiner Unterstützung und eines gerechten Ausgangs gewiss sein. Wer Mut benötigt, findet in Tyr ebenfalls einen mächtigen Beistand. In der magischen Arbeit ist Tyr besonders hilfreich bei Schutzzaubern, außerdem ist er ein guter Ratgeber bei Unsicherheiten bezüglich magischer Vorgehensweisen. Wer sich der Konsequenzen seiner Magie nicht sicher sein kann, da die Einfluss nehmenden Faktoren zu zahlreich und unüberschaubar sind, kann sich mit Tyrs Hilfe einen besseren Überblick verschaffen.

Loki

Der Gott Loki verfügt über eine relativ widersprüchliche Natur. Meist als Trickster-Gott bezeichnet, haftet ihm ein eher negativer Ruf an, was jedoch keinesfalls gerechtfertigt ist. Loki verfügt, wie Odin, über die Fähigkeit des Gestaltwandelns, seine andere herausragende Fähigkeit ist sein übergroßer **Intellekt**. Es entspricht der Wahrheit, dass er ein Meister der Täuschung ist, jedoch setzt er diese Kunst nicht allein für seine eigenen Zwecke ein, sondern meist zur Unterstützung der anderen Götter. Im Grunde verkörpert Loki die Dualität wie kein anderer, er ist ein Rebell, der gegen bestehende Werte und Normen ankämpft und dabei häufig Chaos verursacht. Dabei geht es ihm jedoch nicht ums Prinzip, sondern vielmehr darum, Regeln, die keinen Sinn ergeben, zu verändern. Er zeigt der Gesellschaft ihre Schwächen und Fehler gnadenlos auf, was ihn vor allem unter den Göttern relativ unbeliebt und häufig zum unverdienten Sündenbock macht. Er wird meist als Gott der Lügen bezeichnet und es ist wahr, dass er ein guter Lügner ist. Jedoch verkörpert er gleichzeitig absolute Ehrlichkeit sich selbst gegenüber, weshalb er die wohl größte Hilfestellung bei der Selbstreflexion bieten kann. Auch in Konflikten, für die es keine direkte Lösung gibt, findet Loki immer eine List, um das gewünschte Ziel zu erreichen. Die magische Arbeit mit ihm gestaltet sich als Herausforderung, denn um seine Hilfe zu erlangen, verlangt er die Bereitschaft, in den Spiegel zu blicken und sich den eigenen Dämonen zu stellen. Auch wenn die Literatur und Mythologie diese Eigenschaften nicht benennen, würde ich ihn basierend auf persönlicher Erfahrung als den **Gott des persönlichen Wachstums** bezeichnen.

Sigyn

Über die Göttin Sigyn ist so gut wie nichts bekannt, es existiert lediglich eine einzige Geschichte über sie, aus der ihr Herrschaftsgebiet hervorgeht. Sie ist die Frau Lokis und im Zuge seiner Bestrafung durch die anderen Götter erwies sie sich als **Sinnbild der Treue und Loyalität**. Loki wurde von den Göttern an einen Felsen gekettet, während direkt über seinem Kopf eine giftige Schlange hing. Dieses Gift tropfte ihm in die Augen und verursachte übermenschliche Qualen. Sigyn stand es frei, ihn zurückzulassen und bei den Göttern zu verweilen, jedoch blieb sie bei ihrem Gatten und fing das Gift der Schlange mit einer hölzernen Schale auf, um ihm die Qual zu erleichtern. Das macht Sigyn zur Göttin der ehelichen Treue und der Loyalität. In allen Fragen rund um Beziehungen, Freundschaften und Familie kann sie deshalb großen Beistand leisten. Darüber hinaus tröstet sie all jene, die unter ungerechten Umständen oder an einem gebrochenen Herzen leiden. Wer mit seiner Magie psychische Leiden heilen oder lindern möchte, findet bei ihr den passenden Beistand.

Hel

Bei der Göttin Hel, auch als Hella bekannt, handelt es sich um die **Tochter des Gottes Loki und der Riesin Angrboda**. Sie verkörpert, genau wie ihr Vater, die Dualität, entsprechend wird sie meist dargestellt als Frau, deren eine Hälfte schwarz und die andere weiß ist. Hel herrscht über die Unterwelt, also das Reich der Toten, sie beschützt und versorgt sie und sorgt dafür, dass diese die Unterwelt nicht verlassen können. Wer Kontakt zu den Verstorbenen aufnehmen möchte, sollte deshalb Hel um Beistand bitten. Mit ihrer Aufmerksamkeit wird der Kontakt um einiges leichter gelingen.

Arbeit mit den Göttern

Um sich die magischen Kräfte der Götter nutzbar zu machen, stehen Ihnen zwei Möglichkeiten zur Verfügung: die **Invokation** und die **Telepathie**. Einen Gott oder eine Göttin zu invozieren bedeutet, dass Sie die Wesenheit einladen, von Ihrem Körper und Ihrem Geist Besitz zu ergreifen. Ihr einziger Beitrag zur Magie ist somit das Bereitstellen Ihres Wesens als Gefäß, damit der Gott durch Sie direkt wirken kann. Dadurch wird die entfaltete magische Kraft natürlich um einen beinahe unendlichen Faktor verstärkt, jedoch wird kein Gott dies ohne Weiteres für Sie tun. Diese Form der magischen Zusammenarbeit erfordert eine starke persönliche Beziehung zu der jeweiligen Gottheit, die über Monate bis Jahre hinweg aufgebaut werden muss. Eine Gottheit, mit der man noch nie gearbeitet hat und zu der man bisher keinerlei Kontakt hatte, um diese Form der Hilfe zu bitten, stellt eine absolute Respektlosigkeit dar und würde im schlimmsten Fall von dem Gott bestraft werden. Deshalb kommt die Technik der Invokation für Anfänger nicht in Frage, zumal diese auch nicht ganz ungefährlich ist. Immerhin handelt es sich um eine Form der, wenn auch gewünschten, Besessenheit, die mit den üblichen Risiken und Nebenwirkungen einhergeht.

Es besteht die Gefahr, sein eigenes Selbst zu verlieren und nach der Invokation die Kontrolle über den eigenen Körper und Geist nicht wieder zurückzuerlangen, denn dies erfordert äußerste Willenskraft und Ich-Stärke. Darüber hinaus belastet die enorm hochschwingende Energie einer Gottheit Ihren Körper, da sie mit den Energien der Physis nicht kompatibel ist. Mit anderen Worten stellt eine Invokation eine große Belastung für den Körper dar und sollte deshalb nur im Zustand bester Gesundheit gewagt werden. Auch wenn Sie als Anfänger in der Magie deshalb besser Abstand von dieser Technik nehmen sollten, wollte ich an dieser Stelle kurz darauf eingehen, denn auf Ihrem Weg wird Ihnen diese Verlockung ohnehin begegnen, nur wird leider viel zu selten vor den Risiken und Gefahren der Invokation gewarnt. Deshalb werde ich hier keine Anleitung zur Invokation einer Gottheit bereitstellen, dafür aber einen sicheren Weg aufzeigen, die Hilfe der Götter und Göttinnen in Anspruch zu nehmen. Dafür sollten Sie zunächst anhand der Eigenschaften der Götter auswählen, welche für Ihren speziellen Zweck die geeignetsten Kooperationspartner sind. Bezüglich des nordischen Pantheons kann Ihnen die obige Auflistung dabei bereits eine gute Hilfestellung bieten.

Haben Sie die passende Gottheit gefunden, wird es Zeit für eine erste Kontaktaufnahme, und zwar bevor Sie tatsächlich ein Ritual durchführen, für das Sie Unterstützung erbitten möchten. Dazu bereiten Sie sich mit einer gründlichen physischen und energetischen Reinigung vor, was sich nicht nur auf Sie selbst bezieht, sondern auch auf die Räumlichkeiten, in denen die Kontaktaufnahme stattfinden soll. Starten Sie dann mit der Meditation des geistigen Raums der Leere, um Ihren Geist freizumachen. Diese Meditation müssen Sie nun jedoch etwas abwandeln, um die telepathische Kommunikation zu ermöglichen, immerhin ist die Technik dafür gedacht, Sie vor telepathischen Einflüssen abzuschirmen. Im Grunde wollen wir das auch für diesen Zweck: Ziel ist es, lediglich einen einzigen telepathischen Kanal zu öffnen, sämtliche anderen Einflüsse aber weiterhin auszusperren. Sobald Sie sich geistig vollständig in Ihrem geschlossenen Raum befinden und Stille eingekehrt ist, visualisieren Sie deshalb eine Tür in Ihren Raum, aber bitte nicht an der Stelle, durch die Sie hineingelangt sind. Diese Tür ist mit dem Namen der Gottheit beschriftet, mit der Sie in Kontakt treten möchten, um sicherzustellen, dass nur dieses Wesen Sie dadurch erreichen kann.

Lassen Sie diese Tür nun in Ihrer Vorstellung aufschwingen, dahinter wird sich ein energetischer Tunnel aus Licht öffnen. Dieses Licht kann in den unterschiedlichsten Farben erscheinen, die von der jeweiligen Gottheit abhängig sind. An dieser Stelle sollte die Visualisierung eine gewisse Eigendynamik entwickeln, die Sie einfach zulassen können. Der Tunnel, der sich vor Ihnen geöffnet hat, stellt die telepathische Verbindung zu der gewünschten Gottheit dar, versuchen Sie aber bitte nicht, hindurchzugehen. Rufen Sie den entsprechenden Gott nun einfach respektvoll an, fragen Sie, ob er zu einer Kommunikation mit Ihnen bereit ist. Die meisten Götter sind relativ neugierig und werden antworten, sollte Ihr gewählter Gott dies nicht tun, brechen Sie an dieser Stelle ab und bringen Sie dem Gott ein Opfer, zum Beispiel einen Schluck Wein oder Met, vermischt mit einigen Tropfen Ihres Bluts, den Sie einem Feuer übergeben. Hierbei handelt es sich um ein sehr persönliches Opfer, welches jede Gottheit gerne annehmen wird, Sie können jedoch auch etwas wählen, das individuell zu dem gewählten Gott passt. Durch ein solches Opfer wecken Sie die Aufmerksamkeit und das Interesse des Gottes und können sicher sein, dass Ihr nächster Kommunikationsversuch beantwortet wird.

Sobald die Kommunikation gelingt, können Sie dem Gott Fragen stellen oder ihn um Hilfe bei Ihrer magischen Arbeit bitten. Sie benötigen hierfür keine vorgegebenen, hochtrabenden Anrufungen, die einzigen Grundregeln für die Kommunikation mit Göttern lauten: Respekt und Höflichkeit. Ich empfehle diese Zusammenarbeit jedem Schüler der Magie, denn von den Göttern kann man unendlich viel Wissen erlangen und man kann nicht nur magisch, sondern auch persönlich stark daran wachsen.

MAGISCHE ARBEIT MIT MOND UND STERNEN

In der Magie ist die Astrologie von großer Bedeutung. Die Energien, die von den Sternen und besonders vom Mond in Richtung Erde abgestrahlt werden, wirken sich nicht nur auf unser Verhalten und Empfinden aus, sondern lassen sich auch hervorragend magisch nutzen. Je nachdem, was Sie magisch erreichen möchten, können Sie unter Einbeziehung des Standes von Mond und Sternen, sowie der Mondphasen, den günstigsten Zeitpunkt für Ihr Vorhaben ermitteln. Deshalb soll Ihnen dieses Kapitel als Nachschlagewerk dienen, welches Ihnen nicht nur verrät, welche Mondphase für welchen Zweck am besten geeignet ist, sondern auch die Bedeutung der astrologischen Bezüge zwischen Mond und Sternzeichen darstellt. So finden Sie im Folgenden vor allem Tabellen, mit deren Hilfe Sie einfach den besten Zeitpunkt für Ihre magischen Arbeiten bestimmen können. Vorab möchte ich jedoch noch kurz darauf eingehen, warum gerade der Mond so großen Einfluss auf unsere Magie hat und was dieser innerhalb der magischen Praxis überhaupt für einen Stellenwert einnimmt. In den heidnischen Traditionen wird der Mond als weiblich betrachtet und in vielen Kulturen einer weiblichen Gottheit zugeordnet. Es existieren dutzende unterschiedliche Mondgöttinnen, je nach Kultur, weshalb ich an dieser Stelle nur einige nennen möchte: Arianrhod ist die Mond- und Muttergöttin der Kelten, Aphrodite die Mond- und Liebesgöttin der Griechen, Artemis die römische Göttin des Mondes, der Geburt und der Jagd und Bastet die ägyptische Göttin des Mondes, die noch über eine Vielzahl anderer Attribute verfügt. An dieser relativ kleinen Auswahl lässt sich bereits erkennen, dass der Mond in der Magie viel mit Liebe und Fruchtbarkeit zu tun hat. Diese Tatsache ist nicht besonders erstaunlich, steht der Mond doch in enger Verbindung mit dem Menstruationszyklus der Frau bzw. steuert diesen sogar.

Es existiert zwar kein wissenschaftlicher Beweis, dass der Mond sich auf den Menstruationszyklus auswirkt, dies begründet sich jedoch vor allem darin, dass es keinerlei Studien zu diesem Thema gibt. Frauen, die ihren Zyklus im Blick haben und gleichzeitig auf den Mond achten, stellen jedoch immer wieder fest, dass ihre Periode immer zum gleichen Mondzyklus auftritt, meist bei Voll- oder Neumond. Aus diesem Grund wurden in vielen Kulturen Frauen zu Hohepriesterinnen ausgebildet, da man Ihnen aufgrund der engen „Verwandtschaft" zum Mond besondere magische Kräfte zusprach. Das Menstruationsblut von Frauen gilt sogar als heilig und soll über starke magische Energien verfügen. Auch in der heutigen Zeit gibt es noch Hexen, die deshalb ihr Menstruationsblut für die magische

Arbeit nutzen, dies sei jedoch nur am Rande erwähnt, da es mit Sicherheit nicht jedermanns Sache ist. Der Mond kontrolliert neben dem Zyklus der Frau auch noch andere Dinge auf Erden, zum Beispiel die Gezeiten, die Wirkstoffkonzentration in Pflanzen, den Schlafrhythmus des Menschen und in geringem Ausmaß auch den Flüssigkeitshaushalt sämtlicher auf diesem Planeten existierenden Lebewesen. Die Behauptung, der Mond habe direkte Auswirkungen auf die Erde und ihre Lebewesen, ist somit kein Aberglaube, sondern eine nachweisbare Tatsache. Besonders die Art und Weise, wie die einzelnen Mondphasen sich auf uns auswirken, dient dabei als Vorlage für die magische Nutzung der Kräfte des Mondes. Deshalb sehen wir uns nun zuallererst einmal den Umlauf des Mondes mit all seinen Phasen genau an und bestimmen deren Bedeutung und Auswirkung. Wir starten mit dem Neumond, also dem Zeitpunkt, an dem der Mond nicht zu sehen ist. In dieser Phase wirken sich seine Energien am wenigsten auf die Erde aus, es ist das Ende und gleichzeitig der Neubeginn eines Mondzyklus. Genau dies ist auch die Energie, die uns der Mond am Tag des Neumonds gibt: Neustart. Deshalb werden alle Zauber und Rituale, die mit einem Neubeginn oder der Erschaffung von etwas Neuem zu tun haben, am sinnvollsten zu Neumond zelebriert. Nach dem Neumond beginnt die Phase des zunehmenden Mondes, innerhalb der die Auswirkungen seiner Energie auf die Erde langsam wachsen.

In den Pflanzen ist bei Neumond die Wirkstoffkonzentration am höchsten in den Wurzeln, da die Pflanzensäfte sich zu dieser Zeit dort ansammeln[1]. Mit zunehmendem Mond steigen diese Säfte langsam wieder auf und verteilen sich in der Pflanze, bis die Wirkstoffkonzentration bei Vollmond am höchsten in den Blättern und Blüten ist. Diese einfache Faustregel macht sich jede Kräuterhexe zunutze, wenn sie den besten Zeitpunkt zur Ernte bestimmen möchte. Dies ist vor allem deshalb wichtig zu wissen, da in der Magie und der Pflanzenheilkunde unterschiedliche Teile von Pflanzen genutzt werden. Von einigen Pflanzen setzt man die Wurzeln ein, von anderen die Blüten und von wieder anderen die Blätter. So kommt bei Baldrian und Angelika in der Regel die Wurzel zum Einsatz, bei Ringelblumen aber die Blüten. Doch kommen wir zurück zum zunehmenden Mond, innerhalb dieser Phase konzentrieren wir uns in der magischen Arbeit auf alles, was wachsen oder sich vermehren soll. Das kann Fruchtbarkeitszauber beinhalten genauso wie Zauber für Wohlstand, Genesung, Liebe etc. Im Gegensatz dazu konzentrieren wir uns in der abnehmenden Mondphase auf alles, was abnehmen oder reduziert werden soll. Diese Phase ist geeignet für Zauber und Rituale, mit denen Widerstände abgebaut, Streitigkeiten geschlichtet oder Probleme beseitigt werden sollen. Da jeder Zauber im Normalfall mehrere Aspekte hat, sind die zu- und abnehmenden Mondphasen relativ flexibel nutzbar. So kann ein Heilungszauber in beiden Phasen funktionieren, indem man sich bei abnehmendem Mond darauf konzentriert, die Krankheit zu verringern, und bei zunehmendem Mond darauf, die Gesundheit zu stärken.

Der Vollmond, als letzte der vier Mondphasen, steht für Vollendung, Erfolg und Vitalität. Die Energien des Mondes haben jetzt ihren Höhepunkt erreicht und seine Auswirkungen auf den Planeten sind nun am stärksten. Zauber für Glück, Erfolg und Wohlstand finden somit am besten bei Vollmond statt. Da diese Aussagen jedoch noch sehr allgemein sind und eine Menge Interpretationsspielraum offenlassen, kann man sehr viel spezifischer werden, indem man den genauen Zeitpunkt des Mondes in seiner Bedeutung betrachtet. Jeder Vollmond des Jahres steht für ein ganz eigenes Thema und das Sternzeichen, in dem er dabei steht, erweitert dieses Thema noch. Die folgenden Tabellen stehen Ihnen damit als Übersicht zur Verfügung.

Die zwölf Vollmonde des Jahres		
Monat	Bezeichnung des Vollmonds	Themen für magische Rituale
Januar	Eismond, Schneemond oder Wolfsmond	Loslassen, Schutz
Februar	Totenmond oder Sturmmond	Reinigung, Neuanfänge
März	Kalbsmond oder Sähmond	Transformation, Erneuerung
April	Hasenmond oder Grasmond	Geburt, Wachstum, Lernen, Entdecken
Mai	Pflanzmond	Beziehungen aller Art, Harmonie, Liebe
Juni	Honigmond oder Rosenmond	Balance
Juli	Weidemond oder Heumond	Genuss und Dankbarkeit
August	Gerstenmond oder Mond des Wetterleuchtens	Wachstum, Anhäufung materieller Güter
September	Erntemond	Wandel, Transformation, Dankbarkeit
Oktober	Weinmond oder Blutmond	Transformation, Tod und Wiedergeburt
November	Schneemond	Abschied und Überleben
Dezember	Eismond	Rückzug, Reflexion

Die folgende Tabelle gibt Aufschluss über die energetischen Qualitäten des Mondes, abhängig vom Tierkreiszeichen, in dem er steht. Zu welchem Zeitpunkt der Mond in einem bestimmten Zeichen steht, lässt sich am einfachsten in Erfahrung bringen durch die Nutzung einer Mondkalender-App, die diese Aspekte mit einbezieht, zum Beispiel „Moon Assistant".

Mond und Tierkreiszeichen			
Tierkreiszeichen	Element	Regierender Planet	Themen für magische Arbeit
Mond im Widder	Feuer	Mars	Energie, Stärke, Mut, Schutz, Neuanfänge, Persönlichkeitsarbeit, Stärkung der Willenskraft, Durchhaltevermögen
Mond im Stier	Erde	Venus	Kreativität, Liebe, Fruchtbarkeit, Selbstwertgefühl, Wachstum, Frieden, Finanzen, Besitztümer
Mond in den Zwillingen	Luft	Merkur	Divination, Kommunikation, Lernen und Studium, Verkehr und Transport, Handel, Wünsche, Beziehungen
Mond im Krebs	Wasser	Mond	Heimat, Zuhause, Familie und Familienleben, Emotionen, Mutterschaft, Divination, psychisches Erleben und Entwicklung
Mond im Löwen	Feuer	Sonne	Leidenschaft, Sex, Liebe, Glück, Spaß, Tiere, inneres Kind, Verstärkung von Fähigkeiten
Mond in der Jungfrau	Erde	Merkur	Pflanzenwachstum und Ernte, Gesundheit, Arbeit
Mond in der Waage	Luft	Venus	Neue Liebe anziehen, Hochzeit, Verträge, Konfliktbewältigung, Streit beenden, Freundschaft, Liebe, Gemeinsamkeit, Wertvorstellungen
Mond im Skorpion	Wasser	Mars und Pluto	Leben, Tod und Wiedergeburt, Transformation, Geld, Macht, Ideen, Verteidigung, Exorzismen
Mond im Schützen	Feuer	Jupiter	Reisen, Lernen und Studieren, Religion, Glaubenssätze

Mond im Steinbock	Erde	Saturn	Arbeit und Karriere, Verantwortung, Sicherheit, Grenzen, Verbannung, Vaterthemen, Reputation, Gestaltung
Mond im Wassermann	Luft	Uranus	Freundschaften, Gruppen, Idealvorstellungen, Ziele, Sehnsucht, Pläne, Öffentlichkeit
Mond in den Fischen	Wasser	Neptun	Meditation, Yoga, Hypnose, Visualisierung, Träume, Karma, Herstellung magischer Gegenstände, Kräutermischungen und Tränke, Geheimnisse

DER „MAGISCHE KALENDER"

Für alle Hexen und magisch Praktizierenden, die der Wicca-Tradition folgen, gibt es eine Art eigenen Kalender. Bei diesem magischen Kalender handelt es sich um den Kalender unserer Ahnen, der auch als keltischer Jahreskreis bezeichnet wird. Dieser Jahreskreis drückt den alljährlichen Kreislauf bestimmter heiliger Tage und ritueller Feste aus, nach denen unsere Vorfahren gelebt haben. Er richtet sich nach den Jahreszeiten sowie nach Sonne und Mond. Der heute gebräuchliche Jahreskreis wird auch oftmals als Wicca- (oder Hexen) Jahreskreis bezeichnet, da es bezüglich des ursprünglichen, keltischen Jahreskreises viele verschiedene Überlieferungen gibt und auch einige Unstimmigkeiten. Auch haben unterschiedliche keltische Stämme verschiedene Feste gefeiert.

So entstand ein „neuzeitlicher" Jahreskreis, der vom Paganismus und der Wicca-Religion geprägt wurde. Um das Ganze hier übersichtlich zu halten, werde ich nicht auf die verschiedenen Ursprünge und Versionen eingehen, sondern hier nur den heute gebräuchlichen Jahreskreis vorstellen. Wer sich näher für das Thema interessiert, findet im Internet eine große Informationsvielfalt.

Im keltischen Jahreskreis gibt es acht Feste, vier Mondfeste (Hauptfeste oder große Sabbats) und vier Sonnenfeste (Nebenfeste oder kleine Sabbats). Bezüglich des Zeitpunkts dieser Feste gibt es bei einigen Festen wiederum zwei verschiedene Möglichkeiten der Berechnung. Manche berechnen den Zeitpunkt nach dem Mond, andere gehen nach festen Daten im Kalender. Heutzutage hat es sich zwar größtenteils „eingebürgert", die Feste nach dem Kalender zu feiern, ich würde jedoch empfehlen, bei der ursprünglichen Variante, die sich nach dem Mond richtet, zu bleiben. Wie wir bereits festgestellt haben, verfügt der Mond über eigene magische Kräfte, weshalb sich die Energien der Mondfeiertage auch nur zum entsprechenden Voll- oder Neumond tatsächlich voll entfalten werden.

Neben den acht heiligen Festtagen existiert noch ein bestimmter Zeitraum, der für Hexen von großer Bedeutung ist: die Rauhnächte. Dabei handelt es sich um eine magische Zeit, die man als „die Zeit zwischen den Jahren" bezeichnen könnte und die für Divination und Rituale aller Art besonders gute Voraussetzungen erfüllt, da die Tore zwischen den Welten in dieser Zeit weit geöffnet sind. Im Folgenden werde ich sämtliche Feiertage sowie die Rauhnächte einzeln erläutern und passende Rituale zur Zelebrierung des jeweiligen Tages vorstellen. Bevor ich damit aber beginne, möchte ich noch kurz etwas ansprechen. Sollten Sie beim Lesen dieser Feiertage nämlich das Gefühl bekommen, es ginge bei den meisten dieser Feste um Fruchtbarkeit und Sex sowie den Tod, ist dieser Eindruck durchaus richtig. Das Leben in früheren Zeiten war hart und bestand zum Großteil aus Arbeit, dabei lebte man im Einklang mit der Natur und den Jahreszeiten. Im Gegensatz zur heutigen Zeit bestanden die einzigen Ablenkungen in Form der Jahreskreisfeste und diese widmete man den Themen, die das damalige Leben bestimmten. Deshalb ist das Ausrichten des eigenen Lebens nach dem alten Jahreskreis eine hervorragende Möglichkeit, sich wieder mehr auf die Dinge zu besinnen, die im Leben wirklich von Bedeutung sind, und genau diese Einstellung ist einer der wichtigsten Grundsätze in der Wicca-Tradition.

Die Jahreskreisfeste nach dem Kalender

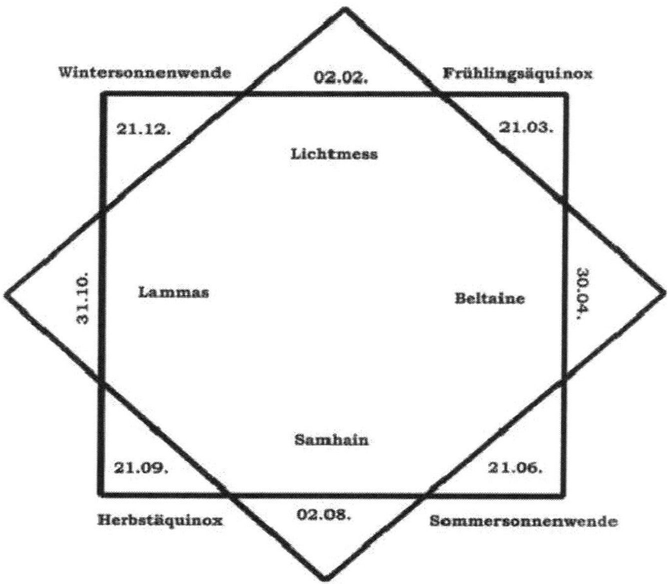

Die Jahreskreisfeste nach dem Mond

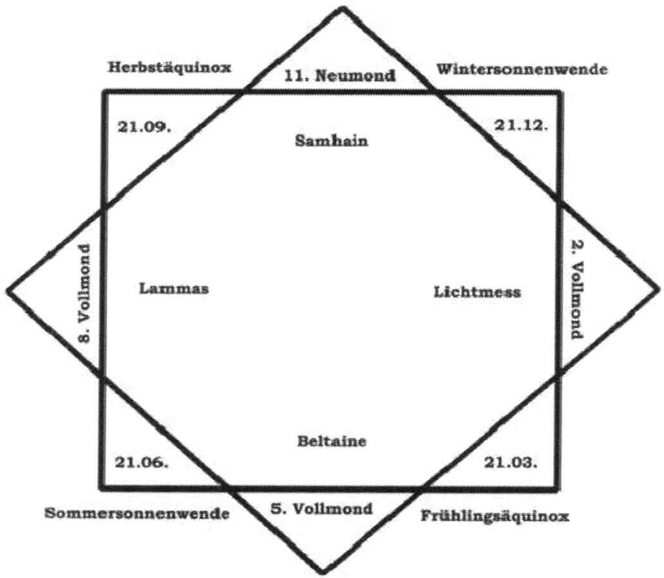

Samhain

Beginn des Winterhalbjahres und Neujahr der Hexen,
11. Neumond im Kalenderjahr

Mondfest

Mit dem elften Neumond im Jahr beginnt die dunkle Zeit, was durch das keltische Fest Samhain markiert wird. Da die Winterzeit in den nördlichen Breitengraden vor allem mit Dunkelheit verbunden ist, wurde diese Zeit auch besonders mit dem Thema des Todes assoziiert. Deshalb beginnt an Samhain das neue Jahr, denn das alte Jahr stirbt an diesem Tag, um Platz für Neues zu schaffen. Die keltischen Feste stellen immer Grenztage innerhalb des Jahres dar, also Übergänge von einer Periode in die nächste. Da nun die dunkle Zeit des Todes begann, glaubten die alten Kelten, dass in der Nacht von Samhain die Tore zur Unterwelt offen stünden und die Toten die Welt der Lebenden betreten konnten. Dieses Ereignis wurde mit gemischten Gefühlen betrachtet, denn zum einen bedeutete dies, dass die Ahnen zurückkehrten, um sich mit uns zu verbinden, woraus der Name Samhain entstand, was Vereinigung bedeutet. Auf der anderen Seite existierten jedoch nicht nur wohlwollende Geister, die sich in dieser Nacht aus ihren Gräbern erhoben, um sich unter die Lebenden zu mischen.

Aus dieser Furcht entstand mit der allmählichen Christianisierung und der Umwandlung des Festes in Allerheiligen und später Halloween der Brauch, sich an diesem Tag als Geister und Dämonen zu verkleiden, um so die übelwollenden Toten abzuschrecken. In früheren Zeiten begegnete man den Seelen der Verstorbenen jedoch mit mehr Respekt und Demut, weshalb man ihnen Opfergaben darbrachte. So wurden Speisen und Getränke auf Gräbern platziert und für die eigenen Ahnen wurden diese Opfergaben an der Haustüre abgestellt. Diese wurde in der Nacht von Samhain übrigens offengelassen, um die Ahnen zu einem Besuch einzuladen. Darüber hinaus entzündeten viele keltische Stämme in dieser Nacht ein großes Feuer, um der Dunkelheit Einhalt zu gebieten und böse Geister fernzuhalten.

Ritual für Samhain

An Samhain gedenken wir der Toten und der eigenen Sterblichkeit. Deshalb ist dieses Fest der ideale Zeitpunkt, mit jenen Frieden zu machen, die bereits von uns gegangen sind. Der Tod kommt in vielen Fällen überraschend und meist bleiben wichtige Dinge dann für immer ungeklärt oder unausgesprochen. Vielleicht haben auch Sie eine geliebte Person verloren, auf die das zutrifft? Dann nutzen Sie das nächste Samhain am besten dafür, in Kontakt zu treten, denn dies ist Ihre Chance für einen echten Abschluss. Bereiten Sie sich dazu auf ein Ritual vor, wie in diesem Buch beschrieben: Beginnen Sie mit einer physischen und energetischen Reinigung, reinigen und schmücken Sie Ihren Altar und stellen Sie dort ein Bild der Person auf, zu der Sie Kontakt aufnehmen möchten. Wenn Sie möchten, können Sie zwei schwarze Kerzen rechts und links neben dem Bild platzieren. Eine Räucherung mit Bernstein, den Sie in Pulverform zum Räuchern beziehen können, hilft, sich mit der Welt der Toten zu verbinden. Begeben Sie sich nun in den geistigen Raum der Leere, dann ziehen Sie einen Schutzkreis, bitten den Verstorbenen hinein und setzen sich an den Altar.

Schreiben Sie nun einen Brief an die Person, die Sie zu früh verloren haben, und teilen Sie ihr dort alles mit, was leider ungesagt blieb. Lassen Sie dabei Ihre Gefühle frei fließen, die positiven wie die negativen, und seien Sie einfach ehrlich und authentisch. Wenn es etwas zu vergeben gibt, sollte Ihr Ziel sein, innerhalb dieses Briefes zur Vergebung zu finden. Grundsätzlich geht es darum, dass Sie Frieden für sich machen, um den Verstorbenen loslassen zu können. Auch wenn es sich um eine Person handeln sollte, die Ihnen etwas Schlimmes angetan hat, sollten Sie sich bemühen, diesen Brief in größtmöglicher Liebe und größtmöglichem Verständnis zu schreiben. Die Toten können nur weiterziehen, wenn wir in der Lage sind, sie auch loszulassen. Solange noch unaufgelöste Gefühle in uns vorhanden sind, besonders negativer Art, halten wir die Toten fest. Wenn der Brief fertig ist, verbrennen Sie diesen in Ihrem Kessel. Meditieren Sie nun noch so lange, wie es sich gut anfühlt. Halten Sie Ihren Geist offen für mögliche Antworten des Verstorbenen. Diese können auf telepathischem Wege eintreffen, sich aber auch lediglich in Form innerer Bilder und starker Emotionen zeigen. Sie werden deutlich spüren, wenn der Verstorbene bereit ist, sich zu verabschieden. Dann entlassen Sie ihn mit einem letzten Gruß aus Ihrem Kreis, lösen diesen auf und beenden das Ritual.

Sollte es in Ihrem Leben keine Verstorbenen geben, zu denen Sie auf diese Art in Kontakt treten möchten, können Sie dieses Ritual in leicht abgewandelter Form nutzen. Da Samhain nicht nur das Fest der Toten ist, sondern auch einen

Neubeginn darstellt, können Sie sich auch mit Ihrer eigenen Sterblichkeit auseinandersetzen. Auch in diesem Fall schreiben Sie etwas, jedoch keinen Brief. Stellen Sie sich stattdessen selbst die folgenden Fragen, die Sie in Ihrer Meditation schriftlich beantworten sollten: „Wenn ich heute Nacht sterben würde, was würde ich bereuen? Was habe ich gut gemacht, was habe ich versäumt, welche Fehler würde ich gerne wieder gutmachen? Bekäme ich die Chance, weiterzuleben, was würde ich anders machen?" Nehmen Sie sich Zeit für die Beantwortung dieser Fragen und gehen Sie tief in sich, mit absoluter Ehrlichkeit sich selbst gegenüber. Wenn Sie fertig sind, verbrennen Sie das Ergebnis ebenfalls in Ihrem Kessel. Geben Sie sich selbst dabei das heilige Versprechen, den kommenden Neubeginn bestmöglich zu nutzen. Die vor Ihnen liegende Zeit bis zum nächsten Festtag, der die Wiedergeburt des Lichts darstellt, sollten Sie nun vor allem zur Reflexion und Innenschau nutzen.

Yule

Wintersonnenwende,
21. Dezember, fix

Sonnenfest

Yule (auch Jul) ist das keltische Fest der Wintersonnenwende und wird am 21. Dezember gefeiert. Der Tag der Wintersonnenwende ist der kürzeste Tag des Jahres, mit der längsten oder tiefsten Nacht, die auch die Mutternacht oder MODRANECHT genannt wird. Von diesem Tag an werden die Tage wieder länger, weshalb wir zu diesem Zeitpunkt die Wiedergeburt des Lichts feiern. Der Mythos besagt, dass die Göttin in dieser Nacht tief in der Erde, in der stillsten aller Stunden, das Sonnenkind gebiert. Weihnachten in seiner reinen Wortbedeutung ist die Weihe-Nacht, oder die geweihte, auch heilige Nacht, was ja auch in vielen Weihnachtsliedern besungen wird. Auch unseren Vorfahren war diese Nacht heilig, denn sie repräsentiert die Erfüllung des Versprechens der Wiedergeburt. Die lange, dunkle Zeit befindet sich nun auf ihrem Höhepunkt und das Licht kehrt wieder zurück. Mit dem Licht kehrt auch das neue Leben zurück, und die Hoffnung. Man darf nicht vergessen, dass die lange Dunkelheit (gerade in den nordischen Ländern) den meisten Menschen auch sehr auf das Gemüt schlagen kann, Yule ist das Versprechen, dass das Licht und das Glück wieder zurückkommen werden. Der Name Yule hat einen direkten Bezug zum obersten aller Götter: Odin, der bis heute den Beinamen JOLNIR trägt. Seine „wilde Jagd" beginnt am 21. Dezember, dem Yulfest, also dem Tag, an dem die Rauhnächte beginnen. Mit dieser Zeit und der wilden Jagd setzen wir uns am Ende dieses Kapitels noch gesondert auseinander. Yule lässt sich etymologisch auch als Zauber- oder Beschwörungsfest deuten, wobei Odin der Yule-Zauberer oder Schamane war, der „Julerich".

Ritual für Yule

Da mit Yule auch die Rauhnächte beginnen, eine Zeit, in der alle möglichen Geistwesen und starke Energien am Werk sind, ist es seit der Zeit der alten Kelten Tradition, an diesem Tag das Haus gründlich auszuräuchern. Auf diese Weise sorgt man dafür, dass sich die negativen Energien, die sich im Laufe des Jahres angesammelt haben, auflösen und verabschieden können. In meiner persönlichen magischen Praxis hat es sich als vorteilhaft erwiesen, im Anschluss an die reinigende Räucherung eine weitere zum Schutz und eine zur Segnung durchzuführen. Auf diese Art sorgt man besonders in den wilden Rauhnächten dafür, dass keinerlei negative Energien mehr in das Haus eindringen und sich dort festsetzen können, außerdem startet man das kommende Jahr so mit einer besonders schönen Energie. Für diese besondere Gelegenheit habe ich eigene Räuchermischungen kreiert, deren Rezepte ich hier mit Ihnen teilen möchte. Für alle Mischungen gilt, jeweils alle Zutaten fein zu mörsern und zu vermischen, die Menge ergibt ausreichend Räucherung für ca. 70-100 qm.

Im Anschluss an die folgenden Rezepte beschreibe ich die Vorgehensweise für Reinigung, Schutz und Segnung Ihres Heims.

Reinigungsräucherung für Yule:

- Sandelholz, weiß – 4 g
- Lorbeer – 0,5 g
- Rosmarin – 1 g
- Salbei – 1 g
- Wacholderbeeren – 0,5 g
- Hagebutten – 1 g
- Myrrhe – 3 g
- Olibanum India – 4 g

Schutzräucherung für Yule:

- Asant (Teufelsdreck) – 0,5 g
- Benzoe Sumatra – 5 g
- Drachenblut – 2 g
- Beifußkraut – 2 g
- Johanniskraut – 1 g
- Muskatnuss – 0,5 g
- Alantwurzel – 1 g
- Eisenkraut – 2 g

Segnungsräucherung für Yule:

- Weißer Copal (Copal Blanco) – 3 g
- Benzoe Sumatra – 2 g
- Olibanum India – 1 g
- Rosenblüten – 4 g
- Palo Santo – 3 g (Im Handel meist in großen Stücken erhältlich, die sich in einem handelsüblichen Mixer problemlos mahlen lassen, da es sich um sehr weiches Holz handelt)
- Sandelholz, weiß – 2 g

Anleitung:

Beginnen Sie mit der Reinigungsräucherung und reinigen Sie damit zunächst Ihre Chakren. Gehen Sie dann Raum für Raum vor, wie im Kapitel über energetische Reinigungen beschrieben. Bei der Reinigung starten Sie im Norden und bewegen sich gegen den Uhrzeigersinn, da Sie negative Energien verbannen möchten. Sprechen Sie in jeder Ecke des Raums und im Zentrum die folgende Beschwörung:

Finsternis, Krankheit, Streit, Schmerz und Leid
Dieser Zyklus endet nun, drum seid ihr jetzt befreit
Frischer Wind soll wehen hier
Am Tag der Sonne Wiederkehr

Visualisieren Sie beim Räuchern, wie sich negative Energien in Form schwarzer Energiewolken mit dem Rauch verbinden und sich in diesem auflösen. Reinigen Sie auf diese Art das gesamte Haus und öffnen Sie dann für zehn Minuten alle Fenster, damit die Energie entweichen kann. Schließen Sie die Fenster wieder, bevor Sie mit der Räucherung zum Schutz fortfahren. Bei dieser starten Sie im Osten und gehen im Uhrzeigersinn die einzelnen Himmelsrichtungen ab. Sprechen Sie in jeder Ecke die folgende Beschwörung:

Ihr Geister, die mich führen (alternativ können Sie hier auch Ihre Schutzengel oder persönlichen Götter anrufen), ich rufe Euch herbei
Schützet diesen Ort
So dass die dunkle Zeit für mich sei sorgenfrei

Visualisieren Sie beim Räuchern, wie der Rauch golden leuchtet und eine energetische Aura erzeugt, die sich wie eine Blase um den gesamten Raum legt. Nach diesem Schritt lüften Sie nicht, sondern fahren direkt mit der letzten Räucherung zur Segnung Ihres Heims fort. Dieses Mal gehen Sie wieder im Uhrzeigersinn vor, da Sie mit der Segnung positive Energien und Liebe anziehen möchten. Sprechen Sie für diesen Schritt die folgende Beschwörung in jeder Ecke des Raumes und im Zentrum:

Mit der bedingungslosen Liebe meines höheren Selbst
Segne ich diesen Ort
Möge Liebe Einzug halten und verweilen
Möge Liebe mich leiten durch das ganze Jahr

Leiten Sie während dieser letzten Räucherung die universelle Lebensenergie durch Ihr Herz-Chakra und lassen Sie sie aus diesem hinausströmen und sich mit dem Rauch im Raum verteilen. Warten Sie nach dem Abschluss noch einige Minuten, bevor Sie ein letztes Mal lüften, bis die Luft im gesamten Haus frisch und klar ist. Da dieses Ritual, je nach Größe Ihres Heims, einige Stunden in Anspruch nehmen kann und energetisch sehr anstrengend ist, sollten Sie es am Abend durchführen. Das Haus sollte vorher natürlich gereinigt werden und es ist empfehlenswert, sich ein besonderes Essen zur Feier des Tages vorzubereiten. So müssen Sie im Anschluss an das Ritual nur noch ein gutes Essen genießen und können den Abend reflektiv und harmonisch ausklingen lassen.

2. Vollmond nach Yule

Mondfest

In der Nacht vom 1. auf den 2. Februar wird Imbolc gefeiert, je nach Glaube richten sich einige jedoch nach dem Mond, um den Zeitpunkt dieses Festes zu bestimmen, in diesem Falle der zweite Vollmond nach Yule (Wintersonnenwende). Imbolc ist ein Fest zur Begrüßung des wiederkehrenden Lichts, der Wärme und der Fruchtbarkeit. Die Sonne geht jetzt jeden Tag etwas früher auf und bleibt länger am Himmel, die Natur erwacht langsam zu neuem Leben. Noch ist nicht die Zeit, die Saat für das neue Jahr auszubringen, da diese noch kommende Frostperioden überstehen müsste, aber es ist die Zeit der Vorbereitung, der Gedanken und der „Schwangerschaft". So wie der Bauer sich jetzt auf die Aussaat vorzubereiten beginnt, ist nun auch die Zeit, neue Ideen und Projekte zu entwickeln, die noch nicht spruchreif sind und eine Weile brauchen, um heranzureifen, bis sie in die Tat umgesetzt werden können. Mit Imbolc beginnt die Zeit der keltischen Göttin Brigid, der Göttin des Feuers und der Inspiration (Poesie, Schmiedekunst und Heilung). Ein weiterer Aspekt von ihr ist die Fruchtbarkeit der Weiblichkeit und Liebe. Sie löst damit die dunklere Göttin Percht (Frau Holle/Hel) ab, die auch als Cerridwen oder Morrigane bekannt ist und den Winter beherrschte. Ihre Herrschaftszeit reicht von Imbolc bis zum Mai und wird durch Beltane (1. Mai) abgelöst, zu diesem Zeitpunkt begann für die Kelten das Sommerhalbjahr. Die christliche Kirche hat im Übrigen auch dieses heidnische Fest unserer Vorfahren in ihren Glauben integriert, die Christen feiern und kennen Imbolc als „Maria Lichtmess", wobei die heilige Jungfrau Maria dabei der Göttin Brigid entspricht.

Der Name Imbolc stammt aus dem irischen Sprachgebrauch – imb-folc = „Rundum-Waschung", was den reinigenden Aspekt dieses Festes in den Vordergrund rückt. Zur Vorbereitung auf die kommende Periode des Wachstums wird zunächst ausgemistet und geputzt, daher leitet sich die alte Tradition des Frühjahrsputzes ab. Es gibt aber auch noch einen anderen Namen für dieses Fest, der seine Bedeutung erweitert und näher am Ursprung liegt: Oimelc, was Englisch/Irisch ist und so viel wie Schafmilch bedeutet. Hier sind wir wieder beim Aspekt der wiederkehrenden Fruchtbarkeit und der Schwangerschaft angelangt, denn zu dieser Zeit werden die ersten Lämmer geboren.

Unsere Vorfahren glaubten, dass Brigid an diesem Tag auf einem Hirsch durch Feld und Wald reitet, um die Samen zu wecken und die Bäume wachzurütteln, damit die Säfte des Lebens wieder zu fließen beginnen. Deshalb verkörpert

Brigid die Kräfte des Ostens und des neuen Morgens, natürlich im übertragenen Sinne, der neue Morgen steht für den bereits spürbaren Neubeginn nach dem langen Winter. Brigid als Göttin des Feuers war auch die Hüterin desselben, das sie in der Imbolc Nacht selbst bewachte, was sonst die Aufgabe ihrer 19 Priesterinnen war. Die 19 ist hierbei eine wichtige Zahl, die Aufschluss darüber gibt, dass der Zeitpunkt dieses Festes kosmisch ausgerichtet wurde. Ein großer Mondumlaufzyklus (Sarosperiode) dauert nämlich genau 19 Jahre, nach dieser Zeit stehen Sonne und Mond wieder in derselben Relation zueinander wie zu Beginn der Periode. Daraus lässt sich erkennen, wie wichtig der Stand von Sonne und Mond für den Zeitpunkt dieses Festes war, weshalb es auch eines der Feste ist, die ursprünglich nur nach dem Stand des Mondes gefeiert wurden, nie zu einem festgelegten Zeitpunkt.

Die Göttin Brigid wird häufig von Flammen und einer Lichtsäule begleitet dargestellt und ihr Attribut ist ein feuriger Pfeil, der wieder einen Hinweis auf das Imbolc-Fest gibt. Der Pfeil symbolisiert zum einen den ersten, heiß ersehnten Sonnenstrahl des Frühlings, der die Erde trifft und wärmt, zum anderen aber auch den heißen Pfeil der Liebe, der das Herz trifft. Die ersten Frühlingsgefühle erwachen jetzt. Dies bringt uns zu einem weiteren Aspekt dieses Festes, der besonders in den römischen Luperkalien (die zur gleichen Zeit gefeiert wurden und mit Imbolc in engem Bezug stehen) deutlich zu Tage tritt. In unserer heutigen Kultur hat sich dieser Aspekt zeitlich ein wenig verschoben, was jedoch leicht erklärbar ist. Es geht um die Faschingszeit und darum, wie diese auch heute noch gefeiert wird. Brigid ist die Göttin, die alles wieder zum Fließen bringt, indem sie das Eis schmilzt, die Bäume wieder erweckt und ihre Säfte wieder fließen lässt. Genauso regt sie natürlich die Lebenssäfte im Menschen an, womit wir wieder bei den Frühlingsgefühlen wären und dem sexuellen Aspekt dieses Festes und der darauffolgenden Zeit. Ihre Herrschaft dauert ja bis Mai an und erreicht ihren Höhepunkt erst zur Frühjahrs-Tagundnachtgleiche. In diesen Zeitraum fällt auch die Fastnacht (Fasching) bzw. die Fastenzeit.

Die Feste dieser Zeit waren von der Kirche früher strengstens verboten, da sich daran jedoch niemand hielt, wurde dieses Verbot 762 n. Chr. aufgehoben. Die Kirche war deshalb gegen dieses Fest, weil Fastnacht nichts mit Fasten zu tun hatte, die scheinbare Wortverwandtschaft existiert in diesem Fall nämlich nicht. Das Fasten aus Fastnacht (früher Fas-Nacht) kommt nämlich ursprünglich von dem mittelhochdeutschen Wort „faseln“, das auf einen alten Brauch zurückgeht. Dieses Wort bedeutet so viel wie „fruchten“ oder „gedeihen“, in diesem Zusammenhang könnte man es auch als „befruchten“ bezeichnen. Der Brauch wurde ausgelebt als ausschweifende Fruchtbarkeitsorgie, hier sieht man den starken Bezug zu den römischen Luperkalien und den Gesamtzusammenhang mit dem Imbolc-Fest, dem Fest der wiederkehrenden Fruchtbarkeit.

Natürlich gibt es noch anderes überliefertes Brauchtum dieses Tages, das sich zum großen Teil bis heute gehalten hat und sich wieder mehr auf den Lichtaspekt dieses Festes bezieht. Hierbei handelt es sich vor allem um das Neuentfachen des jungen Lichtes. Zum Beispiel hat die katholische Kirche daraus die Kerzenweihe gemacht, passend zum Namen Maria Lichtmess. In manchen Gegenden, wie z. B. in der Steiermark, wird das geweihte Lichtmessfeuer von Haus zu Haus getragen und die Menschen entzünden ihre Herdfeuer oder eine Kerze am Hausaltar damit. Diese Kerzen werden dann durch das gesamte Haus und die Ställe getragen, um sie auf diese Weise zu segnen. In anderen Gegenden werden drei Tropfen Wachs dieser geweihten Kerzen auf ein Stück Brot getropft (gewissermaßen eine Vereinigung des Lichts- und Fruchtbarkeitsaspektes), welches dann das ganze Jahr als Schutz dient. Andere Bräuche sind das Entzünden eines Lagerfeuers mit Feuerpfeilen, Fackelumzüge oder kleine Bretter mit Schwimmkerzen, die nach Einbruch der Nacht in einen Fluss oder See gesetzt werden und das wiederkehrende Licht in der noch dunklen Zeit symbolisieren.

Ein weiterer interessanter Brauch an Imbolc oder Lichtmess hat sich nicht nur bis in die heutige Zeit gehalten, sondern sich sogar bis nach Amerika ausgebreitet. Der Imbolc-Tag gilt (da er noch in die dunkle Zeit fällt) immer noch als Lostag (Orakeltag). An diesem Tag wurden bestimmte Orakel zurate gezogen, um z. B. Rückschlüsse auf die kommende Ernte ziehen zu können. Im europäischen Raum wird dieses Orakel mit Füchsen, Dachsen oder ursprünglich mit Bären betrieben, die jetzt langsam aus dem Winterschlaf erwachen. Die alte Bauernregel besagt hierzu Folgendes:

Wenn es an Lichtmess schön sonnig und warm ist und der Bär seinen Schatten sieht, wird der Winter noch mindestens sechs Wochen anhalten und der Bär muss für diese Zeit zurück in seine Höhle. Genauso lange dauert es bis zur Frühjahrstagundnachtgleiche, dem spätesten Zeitpunkt, der den Winterschlaf dieser Tiere und damit auch den Winter beendet. Sollte Ihnen dieser Brauch möglicherweise bekannt vorkommen, dann erinnert er Sie vielleicht an den „Murmeltiertag“ aus dem gleichnamigen Film. Dieser Brauch existiert in den USA tatsächlich, allerdings heißt der Tag dort Groundhog Day.

Ritual für Imbolc

Da es bei Imbolc vor allem darum geht, die Rückkehr des Lebens und den Frühling zu feiern, wobei der sexuelle Aspekt stark im Vordergrund steht, eignet sich dieser Tag besonders, um entweder neue Liebe magisch anzuziehen oder eine bestehende Partnerschaft zu segnen und zu feiern. Deshalb stelle ich hier zwei mögliche Rituale vor, damit jeder diesen Tag nutzen kann, unabhängig davon, ob Sie in einer Beziehung sind oder Single.

Neue Liebe anziehen:

Sie benötigen zunächst die folgenden Zutaten:

- Brennnesselsamen – 1 g
- Hagebuttensamen – 1 g
- Rosenblüten – 1 g
- Ein Blatt Papier (DIN A4) und Stift
- Grüner Faden (z. B. Wollgarn)

Treffen Sie zunächst die üblichen Ritualvorbereitungen mit Reinigung, Meditation und Schutzkreis und legen Sie die Zutaten auf Ihrem Altar bereit. Sobald Ihr Schutzkreis gezogen ist, setzen Sie sich hin und schreiben auf das Papier auf, wie die neue Liebe aussieht, die Sie sich wünschen. Bitte beziehen Sie sich dabei keinesfalls auf einen bestimmten Menschen, denn das wäre schwarze Magie! Stellen Sie sich lieber die Frage, welche Eigenschaften ein neuer Partner haben sollte und wie Sie sich den Beziehungsalltag wünschen. Sie können dies in Stichworten oder ausführlich aufschreiben, sollten sich jedoch Zeit nehmen und dabei ruhig auch tagträumen. Stellen Sie sich alles, was Sie sich hier wünschen, intensiv bildlich vor. Erzeugen Sie dabei die Gefühle in sich, die von der Erfüllung Ihrer Wünsche erzeugt werden würden. Magie lebt von der Kraft Ihrer Emotionen!

Sobald Sie fertig sind, breiten Sie das Papier auf dem Altar aus und streuen die Kräuter darüber, die Sie dann damit einwickeln. Ist alles fest verpackt, nehmen Sie das grüne Band und wickeln es um das Päckchen. Versiegeln Sie es am Ende mit drei Knoten und verbrennen Sie es dann in Ihrem Kessel. Sollten Sie das Ritual nicht im Freien durchführen, empfehle ich, währenddessen ein Fenster zu öffnen. Während das Päckchen verbrennt, können Sie eine Bitte an Ihre Geistführer aussprechen, Ihren Wunsch zu manifestieren. Achten Sie unbedingt darauf, dass Sie den Wunsch nach Beendigung des Rituals loslassen, denken Sie an etwas anderes und lenken Sie sich ab, falls nötig.

Eine bestehende Liebe feiern und segnen:
Dieses Ritual soll der Festigung und Vertiefung einer Partnerschaft dienen, dafür ist es jedoch erforderlich, dass Sie es gemeinsam mit Ihrem Partner durchführen. Zunächst einmal benötigen Sie die folgenden Dinge, um das Ritual vorzubereiten:

- 100 % naturreines, ätherisches Rosenöl
- Seifenfreies Waschgel ohne Zusätze (erhältlich im Drogeriemarkt)
- Ca. 100 ml Jojobaöl, alternativ natives Kokosöl, kaltgepresst
- Frische Rosenblüten von zwei roten Rosen
- Zwei grüne Stumpenkerzen
- Ein kleines Brett (zum Beispiel ein Frühstücks- oder Schneidebrett, groß genug, damit die beiden Kerzen darauf Platz finden)
- Boline
- Grünes Geschenkband, 0,5-1 cm breit
- Zwei Blatt Papier (DIN A4 oder DIN A5) und zwei Stifte

Zur Vorbereitung nutzen Sie das Rosenöl und vermischen die Hälfte mit dem Waschgel, die andere Hälfte mit dem Jojoba- oder Kokosöl. Sollten Sie Kokosöl verwenden, stellen Sie es vorher auf die Heizung, bis es vollständig flüssig geworden ist. Bereiten Sie Ihren Altar vor, indem Sie diesen reinigen und mit den Blütenblättern der Rosen dekorieren. Ritzen Sie in eine der Kerzen mit der Boline Ihren Namen, lassen Sie Ihren Partner das Gleiche mit der anderen Kerze tun. In der Mitte des Altars platzieren Sie dann das Brett, auf dem Sie die beiden Kerzen mit etwas Wachs direkt nebeneinander befestigen. Die Kerzen symbolisieren Ihre Herz-Chakren, deshalb müssen sie so dicht zusammenstehen, dass sie beim Abbrennen miteinander verschmelzen. Platzieren Sie neben den Kerzen noch Ihren Kessel sowie Papier, Schreibzeug und das Wollgarn. Stellen Sie außerdem das fertig angemischte Öl, von dem Sie einen kleinen Schluck in eine Schale füllen und den Rest in der Flasche lassen, auf dem Altar bereit. Dieses Ritual verläuft etwas anders als gewöhnlich, weshalb Sie nun nicht damit beginnen, einen Schutzkreis zu ziehen. Sie beginnen mit dem Ritual nämlich nicht an Ihrem Altar und in diesem Fall wäre ein Schutzkreis auch eher hinderlich als dienlich.

Um zu beginnen, begeben Sie und Ihr Partner sich ins Badezimmer und nehmen gemeinsam entweder eine Dusche oder ein Bad. Jetzt kommt das selbst gemischte Waschgel zum Einsatz, mit dem Sie sich gegenseitig reinigen. Der Austausch von Zärtlichkeiten während der gemeinsamen Reinigung ist hier durchaus erwünscht. Im Anschluss trocknen Sie sich gegenseitig ab und begeben sich nackt zum Altar. Dort entzündet nun jeder die Kerze des anderen und nimmt sich dann ein Blatt Papier und einen Stift. Jeder schreibt nun drei Dinge auf, für die er an seinem Partner dankbar ist, drei Dinge, für die er in der Beziehung dankbar ist, und drei Dinge, die er seinem Partner für die Zukunft versprechen möchte. Tauschen Sie die Zettel anschließend und lesen Sie sie sich gegenseitig laut vor. Jeder entzündet nun den Zettel seines Partners an der eigenen Kerze und lässt diesen im Kessel vollständig verbrennen. Sollte das Papier vorher erlöschen, nehmen Sie ein Streichholz, entzünden es an den Kerzen und werfen es in den Kessel zum Papier. Sobald nur noch Asche übrig ist, nehmen Sie das Wollgarn und tränken es mit dem Öl, anschließend wälzen Sie es in der Asche Ihrer gegenseitigen Versprechen.

Wickeln Sie dann das Garn um die beiden Kerzen und verknoten Sie es dreimal. Während die Kerzen nun langsam herunterbrennen und dabei miteinander verschmelzen, sollten Sie das Gleiche mit ihrem Partner tun, ganz im Sinne dieses Feiertages. Nehmen Sie sich Zeit und zelebrieren Sie gemeinsam den Akt der Liebe, mit dem Sie dieses Ritual beenden. Dabei nutzen Sie das restliche, selbst hergestellte Rosenöl für eine gegenseitige Massage als Auftakt. Die Kerzen sollten Sie einfach brennen lassen, bis diese von allein verlöschen. Noch eine kleine Warnung: Da es bei Imbolc auch um Fruchtbarkeit geht, sollten Sie unbedingt an Verhütung denken, wenn kein ausdrücklicher Kinderwunsch besteht. Die Energie von Imbolc könnte Ihre Vereinigung sonst zusätzlich mit dem Aspekt der Fruchtbarkeit segnen.

Ostara

Frühjahrstagundnachtgleiche,
21. März, fix

Sonnenfest

Ostara ist das Fest zur Frühlingstagundnachtgleiche, also zu dem Tag des Jahres, an dem Licht und Dunkelheit sich in exakter Balance befinden. Das macht Ostara zum Gegenstück von Mabon, der Herbsttagundnachtgleiche. An diesem heiligen Tag feiern wir den Beginn des Sommerhalbjahres und den Zeitpunkt, an dem die neue Saat auf die Felder ausgebracht wird. Da dies in alten Zeiten ein sehr geschäftiger Zeitpunkt war, an dem die Menschen alle Hände voll zu tun hatten, existieren leider kaum überlieferte Bräuche für Rituale oder Feierlichkeiten. Ein altes Brauchtum war das Sammeln von Märzwasser, denn diesem Wasser wurde große Reinheit und magische Kraft zugesprochen. So wurde in meditativer Stille Wasser aus heimischen Flüssen oder Bächen abgeschöpft, nach Hause gebracht und dort schweigend in Flaschen abgefüllt. Dieses Wasser sollte als Jahresvorrat zur magischen Verarbeitung dienen. Als dieser Brauch noch aktuell war, verfügte das Wasser aufgrund der vorher stattgefundenen Schneeschmelze auch tatsächlich über die höchste Reinheit im ganzen Jahr, da es mit so viel Frischwasser vermischt war. In der heutigen Zeit würde ich dieses Ritual nur dann empfehlen, wenn Sie mit absoluter Sicherheit sagen können, dass die Quelle, aus der Sie schöpfen, tatsächlich Trinkwasserqualität hat. In diesem Fall würden Sie ein heiliges Wasser gewinnen, welches hervorragend für die magische Arbeit geeignet ist, zum Beispiel für die Herstellung von Mondwasser.

Bevor ich ein passendes Ritual für Ostara vorschlage, möchte ich jedoch noch kurz auf etwas eingehen, das Ihnen vermutlich schon auf der Zunge liegt. Die Namensähnlichkeit mit dem Osterfest ist kein Zufall, denn beim Osterfest handelt es sich um die christianisierte Variante dieses Fruchtbarkeitsfestes der Heiden. Die Kirche hat daraus lediglich ein Mondfest gemacht und die alten Riten etwas abgewandelt. So waren Eier und Hasen auch bei den alten Kelten ein wichtiger Bestandteil von Ostara, denn beides sind Symbole für Fruchtbarkeit. Was sich jedoch relativ verheerend auf die ursprünglich wundervolle Energie dieses heiligen Tages ausgewirkt hat, war die Übertragung der Kreuzigungsgeschichte auf Ostara. Millionen von Christen „feiern" jährlich die Kreuzigung Ihres Heilands, was die Osterzeit mit einer Energie der Grausamkeit geprägt hat, die für sensible Menschen deutlich spürbar ist. Umso wichtiger ist es, dass all jene, die sich den alten Festen versprochen haben, sich auf die ursprüngliche Energie konzentrieren und den Tag in diesem Sinne feiern. Da Ostara den Zeitpunkt der Aussaat markiert, ist dieses Fest hervorragend geeignet für Rituale oder Zauber zum Thema Wachstum und Neubeginn.

Ritual für Ostara

Dieses Mini-Ritual soll dabei helfen, neue Projekte wachsen und gedeihen zu lassen. Sie benötigen also vor allem etwas, das Sie in Ihrem Leben neu beginnen möchten. Dabei kann es sich um alles Mögliche handeln, zum Beispiel die Gründung eines eigenen Unternehmens, ein Umzug in ein neues Zuhause, eine Schwangerschaft oder eine neue Beziehung. Alles, was gedeihen soll, kann Ihnen hier als Projekt dienen. Zusätzlich brauchen Sie die folgenden Dinge:

- Ein Ei
- Matetee
- Zwiebelschalen
- Kamillenblüten

Kochen Sie aus den drei Zutaten jeweils einen eigenen Tee; diese Tees dienen Ihnen dann als natürliche Farbe zum Bemalen des Eis. Während Sie das rohe Ei vorsichtig bemalen, konzentrieren Sie sich vollständig auf das neue Projekt, das Sie mit diesem Zauber wachsen lassen möchten. Ist das Ei fertig bemalt, suchen Sie sich einen schönen Ort in der Natur und vergraben es in der Erde, so dass es symbolisch als Samen für Ihr Projekt dient, der in der Erde wachsen und gedeihen soll.

Beltane

Beginn des Sommerhalbjahres,
5. Vollmond nach Yule,

Mondfest

Auch bei Beltane, welches von vielen in der Nacht auf den 1. Mai gefeiert wird, handelt es sich um ein Fruchtbarkeitsfest. Dieses Mal liegt der Hauptaspekt jedoch deutlich bei der Sexualität, denn gefeiert wird hier die Vereinigung von Gott und Göttin und die Entstehung neuen Lebens. Im übertragenen Sinne findet in dieser Nacht die heilige Hochzeit von Himmel und Erde statt. Zu früheren Zeiten galt die sexuelle Vereinigung an diesem Tag als etwas vollkommen Natürliches und ausschweifende Orgien waren kein seltener Brauch. So glaubten die Menschen zum Beispiel, dass die sexuelle Vereinigung auf den Feldern zu erhöhter Fruchtbarkeit derselben und damit zu einer besseren Ernte führen würde. Auch in dieser Nacht wurden große Freudenfeuer entzündet, um welche die Menschen sich versammelten, ausgelassen feierten und sich ihren Gelüsten hingaben. Der heute gefeierte Maifeiertag findet seinen Ursprung in diesem Fest, wobei der Maibaum ein phallisches Symbol darstellt. Der Tanz um diesen Baum stellt ein überliefertes Werbungsritual dar, bei dem die jungen Mädchen eines Stamms ihren zukünftigen Gatten finden sollten. Beltane ist jedoch noch in einer weiteren Variante bzw. unter einem weiteren Namen bekannt: Walpurgisnacht. Der Legende nach fliegen die Hexen in dieser Nacht auf den Blocksberg (Brocken) und feiern dort ausschweifende Orgien mit dem Teufel.

Diese Geschichte entstand jedoch wieder einmal durch den Einfluss der christlichen Kirche und sollte dazu dienen, die heidnischen Traditionen in ein negatives Licht zu rücken. Über die tatsächlichen Ursprünge herrscht Unklarheit, jedoch kann man davon ausgehen, dass es sich beim Fliegen auf den Besen um den Einsatz sogenannter „Flugsalbe" handelt. Diese Flugsalbe wurde aus verschiedenen, hochgiftigen Kräutern hergestellt, die eine psychedelische Wirkung haben. Sie wurde tatsächlich auf die Stiele von Besen aufgetragen, das Reiten auf diesen Besen ist jedoch im metaphorischen Sinn zu verstehen. Damalige Hexen nutzten diese präparierten Besen vermutlich zur Selbstbefriedigung mit anschließendem, psychedelischem Rausch. Der Einsatz giftiger Kräutermixturen, die auf die Psyche wirken, ist im Zusammenhang mit Magie nichts Ungewöhnliches und wird innerhalb vieler Traditionen praktiziert, besonders im Rahmen der schamanischen. Gleichzeitig ist Sexualität ein eigener Bereich der Magie und die Verbindung von beidem somit durchaus nachvollziehbar. Dennoch möchte ich Ihnen dringend davon abraten, nach Rezepten für Flugsalbe zu suchen und diese auszuprobieren. Diese Salbe enthält unter anderem Schierling, mit dem im Mittelalter auch Hinrichtungen durchgeführt wurden. Die Dosierung solcher Giftpflanzen ist immer ein Glücksspiel und die Grenze zwischen psychedelischer und tödlicher Wirkung ist praktisch nicht abschätzbar.

Ritual für Beltane

Der stark betonte Fruchtbarkeitsaspekt macht Beltane zwar zu einem gut geeigneten Zeitpunkt für Fruchtbarkeitszauber, dennoch möchte ich an dieser Stelle eine andere, ebenfalls sehr traditionelle Variante vorschlagen, diesen Tag zu begehen. Dabei geht es darum, der Natur etwas zurückzugeben und seine Dankbarkeit für ihre Gaben zu feiern. In der Wicca- und Pagan-Tradition ist es üblich, sich an diesem Tag in Gruppen in der Natur zu versammeln, zum Beispiel auf einer abgelegenen Waldlichtung, gerne auch an heiligen Kraftorten wie Hügelgräbern oder Ähnlichem. Die Wahl des Ortes unterliegt dabei der Intuition, wenn Sie an einem bestimmten Ort besonders schöne Energien wahrnehmen, ist dieser perfekt geeignet. Gruppen von Gleichgesinnten lassen sich in der heutigen Zeit am besten finden, indem Sie an Volkshochschulkursen oder privaten Seminaren zum Thema Schamanismus oder Wicca teilnehmen, alternativ können Sie eine solche Feier jedoch auch allein abhalten. Sie benötigen dafür grüne und gelbe Geschenkbänder, die mit ihren Farben den Frühling und den Sommer symbolisieren. Mit diesen Bändern werden Bäume geschmückt und manch einer bindet noch einen kleinen Zettel mit einem persönlichen Wunsch hinein.

Außerdem werden der Natur vielfältige Opfergaben dargebracht: selbst gebackenes Brot, Samen und Nüsse, Maismehl und Rosinen. Hier funktioniert alles, was der Natur entspringt und von den Tieren des Waldes gern gefressen wird. Diese Opfergaben werden auf dem Waldboden verstreut, das Maismehl kann zum Beispiel auch in Form von Runen oder Sigillen ausgestreut werden. Mit dem Thema Sigillen werden wir uns noch im Kapitel über die Magie der Symbole beschäftigen. Außerdem wird ein Feuer entzündet, an dem dann gemeinsam Frühlingslieder gesungen werden, dabei wird mit Met auf den Frühling angestoßen und auch immer ein Schluck davon ins Feuer geschüttet, als Opfergabe an die Götter. Wenn Sie Beltane auf diese Weise verbringen, können Sie den besonderen Zauber dieses Tages am deutlichsten verspüren und lernen außerdem, sich im Einklang mit den Jahreszeiten und den natürlichen Rhythmen zu bewegen.

Litha

Sommersonnenwende,
21. Juni, fix

Sonnenfest

Litha ist das Fest des Mittsommers und stellt den längsten Tag und die kürzeste Nacht des Jahres dar. Von nun an werden die Tage wieder kürzer und es geht auf den kommenden Winter zu, doch zunächst steht die schönste Zeit des Jahres bevor. Wir feiern hier den Sommer mit all seinen Segnungen, die Fülle und den Reichtum der Natur. Die ersten Ernten wurden bereits eingeholt, somit ist die beginnende Periode eine Zeit der Fülle, des Ausruhens, der Heilung und Reinigung und des Genießens. Die Naturgeister sind gemäß den alten Legenden in dieser Nacht besonders aktiv und wer Ihnen Opfergaben darbringt, wird vielleicht mit einem Blick auf diese belohnt. Kräutern, die in dieser Nacht geerntet werden, wird besonders starke Kraft und Wirkung zugesprochen, deshalb sollten Sie sich diesen Zeitpunkt im Kalender anstreichen, falls Sie gern mit selbst gesammelten Kräutern magisch arbeiten oder einen eigenen Hexengarten betreiben. Einem alten Brauch zufolge pflückten junge Mädchen am Litha-Abend sieben verschiedene Blumen oder Kräuter und legten sie unter ihr Kopfkissen, um in der Nacht von ihrem zukünftigen Ehemann zu träumen.

Litha ist der Tag des Jahres, an dem die ausschweifendsten Feste gefeiert werden, allerdings weniger mit einer Betonung auf die sexuelle Komponente. Diese kommt zwar auch an Litha nicht zu kurz, jedoch geht es bei diesem Fest vordergründig darum, mit seinen Lieben zusammen zu sein, gutes Essen zu genießen und Gefühle der Erfüllung und Dankbarkeit zu zelebrieren. Auch an Litha versammelt man sich traditionell um ein großes Freudenfeuer, welches dem Sonnengott geweiht ist. Das Bewusstsein, dass der Sommer noch vor uns liegt, während er sich gleichzeitig schon seinem Ende nähert, hilft uns dabei, jeden der kommenden Momente voll auszukosten.

Ritual für Litha

Litha ist ein guter Zeitpunkt für alle Zauber, die mit Heilung, Wunscherfüllung und Manifestation, Erfüllung, Glück, Erfolg und Anerkennung sowie mit der Liebe zu tun haben. Vorschlagen möchte ich hier einen einfachen Reinigungszauber, mit dem Sie negative Dinge aus Ihrem Leben entfernen und der sich wunderbar mit den Feierlichkeiten an diesem Tag verbinden lässt. Sie benötigen hierfür die folgenden Dinge:

- Boline
- Zwei selbst abgeschnittene Äste, am besten Haselnussholz
- Optional Wasserfarben, bunte Bänder, Perlen
- Maismehl

Nutzen Sie die frühen Morgenstunden, um sich geeignete Äste zu suchen und vom Baum oder Strauch zu schneiden, Sie können auch Äste verwenden, die auf dem Boden liegen. Die Äste sollten ca. 30 cm lang sein und einen Durchmesser von maximal 3 cm haben. Den Tag verbringen Sie nun bis zum Abend damit, sich im Freien der intuitiven Bearbeitung dieser Äste zu widmen. Dabei bearbeiten Sie zuerst einen Ast, in den Sie all Ihre Sorgen und Ängste transferieren. Sie können ihn mit der Boline bearbeiten, bemalen, Sigillen hineinritzen etc., was auch immer Ihnen intuitiv in den Sinn kommt. Bleiben Sie dabei fokussiert auf alles, was Sie belastet. Sobald dieser Ast fertig ist, wenden Sie sich dem nächsten zu, in den Sie all Ihre Wünsche transferieren. Bearbeiten Sie ihn auf die gleiche Weise, schmücken Sie ihn mit Farben, Bändern, Perlen und Symbolen, während Sie vollkommen auf Ihre Wünsche fokussiert sind. Beide Äste werden am Ende zu Pfeilen geschnitzt, das bedeutet, Sie müssen jeden an einem Ende anspitzen. So erhalten Sie einen Sorgenpfeil und einen Wunschpfeil. Damit sind die Vorbereitungen abgeschlossen, das eigentliche Ritual findet während der Feierlichkeiten am Abend statt. Sollten Sie noch keine Gruppe gefunden haben, mit der Sie diese begehen können, funktioniert der Zauber natürlich auch allein. Sie benötigen lediglich einen Ort in der Natur, an dem Sie ein Lagerfeuer entzünden können.

Im ersten Schritt werden Sie nun Ihren Sorgenpfeil dem Feuer übergeben und die Elementargeister des Feuers darum bitten, diese Sorgen zu transformieren und von Ihnen zu nehmen. Gehen Sie dabei in sich und lassen Sie diese Themen bewusst los, ganz im Vertrauen auf die Magie, damit diese auch wirken kann. Dann ist es erst einmal an der Zeit für ein paar Lieder und einen Tanz ums Feuer, in dem Sie sich wieder mit Ihrer Lebensfreude verbinden. Anschließend wählen Sie eine Stelle auf einer Wiese, die tagsüber von der Sonne beschienen wird, und streuen mit Maismehl eine Rune aus. Der Name der Rune lautet Ingwaz und sie sieht aus wie eine Raute. Ingwaz wird auch als der Wunschbrunnen bezeichnet und hilft dabei, alles, was sich in Ihrem Inneren befindet, zu manifestieren. In die Mitte dieser Rune stecken Sie nun Ihren Wunschpfeil in den Boden. Wenn Sie das Ritual in einer Gruppe durchführen, sollte die Rune entsprechend groß gezogen werden, damit alle Pfeile darin Platz finden. Dann fassen sich alle Versammelten an den Händen und bilden einen Kreis um die Rune. Sollten Sie allein sein, können Sie stattdessen visualisieren, wie Sie diesen Kreis mit Ihren Geistführern,

Schutzengeln, Ahnen oder einfach geliebten, aber abwesenden Menschen bilden. Fokussieren Sie sich nun noch einmal ganz auf Ihre Wünsche und fühlen Sie die Freude, die Sie überkommen wird, sollten diese erfüllt werden. Bitten Sie die Naturgeister im Stillen darum, bei dieser Manifestation zu helfen. Nach diesem Ritual sollten Sie auch Ihre Wünsche im Vertrauen auf die Magie loslassen und sich voll und ganz den Feierlichkeiten zuwenden.

Lammas / Lughnasadh

8. Vollmond nach Yule

Mondfest

Lammas oder Lughnasadh ist ein weiteres Erntefest und in seiner Thematik ähnelt es Litha stark. Der unter Wicca-Anhängern gebräuchlichere Name ist Lughnasadh, wobei dies je nach Region variiert, so nutzen zum Beispiel amerikanische Wicca eher die Bezeichnung Lammas. Über den Ursprung dieses Feiertages und die damit verbundenen Traditionen ist relativ wenig bekannt, weshalb man es am ehesten als ein Fest der Dankbarkeit für die Gaben der Natur bezeichnen kann. Fülle, Genuss, Wohlstand und Zerstreuung des Geistes sind die Themen, unter denen dieser Tag steht, so wurden im irischen Raum an Lughnasadh früher auch sportliche Wettkämpfe abgehalten. Ein bekannterer Brauch für dieses Fest besteht im sogenannten „Burning Man", einer menschengroßen Strohpuppe, die im Rahmen der Feierlichkeiten verbrannt wird. Dabei geht der Burning Man auf eine sehr barbarische Tradition zurück, die noch der Zeit der Menschenopfer entspringt. In den alten Zeiten wurden mancherorts Menschenopfer auf den Feldern dargebracht und dort verbrannt, um die Götter gnädig zu stimmen und so die Ernte des nächsten Jahres zu sichern. Glücklicherweise ging man irgendwann dazu über, stellvertretend Puppen aus Stroh zu opfern.

Da Lughnasadh das letzte Fest vor dem Beginn der Herbstsaison ist, markiert es den Beginn der Vorbereitungen auf den Winter. In den magischen Traditionen nutzt man diesen Tag deshalb besonders, sich von sämtlicher Negativität des Jahres zu befreien, um an Samhain, dem keltischen Neujahr, unbelastet ins neue Jahr starten zu können. Der Zauber mit den zwei Pfeilen, den ich für das letzte Fest vorgeschlagen habe, ließe sich somit auch an diesem Tag gut anwenden. Ich persönlich nutze diesen Tag jedoch lieber, indem ich mich ausschließlich auf den reinigenden Aspekt konzentriere und Amulette oder Zauberstäbe zu Zwecken der Heilung herstelle.

Ritual für Lughnasadh

Alles, was Sie benötigen, ist etwas Birkenholz und eine Boline, alternativ können Sie noch Heilsteine verwenden, zum Beispiel grünen Aventurin als Träger bedingungsloser Liebe und Bergkristall als Energieleiter und -verstärker für Zauberstäbe. Das Holz sollten Sie bereits im Frühjahr geerntet und bis Lughnasadh getrocknet haben, damit es sich besser bearbeiten lässt. Sie können nun entweder kleine und dünne Holzscheiben aus einem Ast schnitzen, diese mit einem kleinen Loch versehen und daraus heilende Amulette fertigen oder Sie verwenden einen längeren Ast und fertigen daraus einen Zauberstab, für diese Zwecke sollte der Ast über einen Durchmesser von mindestens 3 bis 4 cm verfügen. Egal, für welche Variante Sie sich entscheiden, beide werden nun mit einer Binderune verziert, die Sie entweder mit der Boline oder alternativ mit einem Brennpeter in das Holz ritzen. Eine Binderune ist ein Symbol, das aus zwei oder mehreren Runen geformt wird und einen bestimmten Zweck zum Ausdruck bringt. Diese Art der Magie gehört zur Sigillenmagie, der das nächste Kapitel gewidmet ist. Mit den Runen werden wir uns dort leider nicht beschäftigen, da die Bedeutung und Verwendung von Runen sehr tiefschichtig ist, was den Rahmen dieses Buches sprengen würde. Sollten Sie daran Interesse haben, empfehle ich Freya Aswyns Buch „Die Blätter von Yggdrasil", welches das wohl beste und ausführlichste Werk zum Thema darstellt. Es wird zwar leider nicht mehr aufgelegt, ist aber immer noch in Antiquariaten und im Internet als kostenfreie PDF-Version verfügbar.

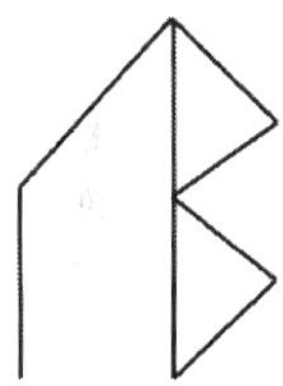

Doch kommen wir zurück zu unserer Binderune zum Zwecke der Heilung: Es handelt sich dabei um eine Kombination der Runen Berkana und Uruz. Berkana steht in enger Verbindung zur Birke und wird neben Zaubern zur Fruchtbarkeit vor allem für Heilungszwecke verwendet. Uruz repräsentiert die urtümliche Kraft des Auerochsen. In dieser Binderune steckt somit heilende weibliche Energie und stärkende männliche Kraft. Indem Sie die Rune in Birkenholz ritzen, kann sie ihre Kraft voll entfalten. Dabei obliegt die übrige Gestaltung der Amulette oder Zauberstäbe ganz Ihrer eigenen Kreativität, Fantasie und Intuition, die Sie bei dieser Tätigkeit wunderbar trainieren können. Als zusätzlicher Reiz entstehen dabei sehr persönliche, magische Gegenstände, mit denen Sie im Falle eines Amuletts auch Ihren Lieben eine Freude machen können.

Mabon

Herbsttagundnachtgleiche,
21. September, fix

Sonnenfest

Mabon ist das Fest der Herbsttagundnachtgleiche und somit das Gegenstück zu Ostara. Thematisch ist es vergleichbar mit dem christlichen Erntedankfest, welches jedoch etwas später gefeiert wird. Neben dem Aspekt der Dankbarkeit für die inzwischen vollständig eingefahrene Ernte liegt bei Mabon die Betonung vor allem auf dem Aspekt der Tagundnachtgleiche. Dieser Tag wird von besonders starken, magischen Energien geprägt, die in der Natur spürbar werden. So kann der aufmerksame Beobachter mit etwas Glück Zeuge auffälliger Verhaltensweisen von Wildtieren werden, deren Erklärung deutlich in den Bereich des Mystischen und Unergründbaren fällt. Ich selbst durfte einmal Zeuge eines solchen Schauspiels werden, als sich zur Herbsttagundnachtgleiche tausende von Raben, Krähen und Dohlen über einem Kraftort in meiner Nähe versammelten. Sie kamen aus sämtlichen Himmelsrichtungen angeflogen, die Luft war erfüllt von ihrem wilden Geschrei und sie kreisten dort stundenlang, bis die Sonne gegen 23:00 unterging. Möglicherweise hielten diese mystischen Vögel, die eine starke Verbindung zu Odin haben, dort ihre eigene Feier ab. Solche mystischen Erlebnisse gehören definitiv zu den schönsten Seiten, die die Magie zu bieten hat.

Tag und Nacht sind genau gleichlang, wodurch der Mabon, wie Ostara, zu einem Symbol der Balance wird, aber auch gleichzeitig zu einem Symbol für den Kreislauf aus Leben und Tod. Das keltische Jahr neigt sich nun dem Ende zu, denn der nächste Feiertag ist Samhain, womit der Kreislauf von Neuem beginnt. Die Feierlichkeiten zu diesem Fest gleichen denen der letzten beiden Feiertage, wobei der Hauptaspekt dieses Mal allein auf dem Thema Dankbarkeit liegt. Deshalb sollten Sie diesen Tag nutzen, sich den Dingen bewusst zu werden, für die Sie persönlich dankbar sind, und dieses Gefühl dann ausleben und zum Ausdruck bringen.

Ritual für Mabon

Alles, was Sie für dieses Dankbarkeitsritual benötigen, sind viele Kieselsteine mit einem Durchmesser von ungefähr 3 bis 4 cm sowie einen schwarzen Edding. Die Vorbereitungen beginnen jedoch schon in der Woche vor Beginn von Mabon, die Sie nutzen, um herauszufinden, wofür Sie in diesem Jahr dankbar sind. Schreiben Sie sich alles in Stichworten auf und nutzen Sie für jedes Thema lediglich ein

Wort. In dieser Zeit beginnen Sie außerdem, die Kieselsteine zu sammeln, dabei benötigen Sie für jedes Wort auf Ihrer Liste einen Stein. Wenn der Tag des Equinox gekommen ist, ziehen Sie sich in meditativer Stille an Ihren Altar zurück und entwerfen für jedes Wort eine eigene Sigille, die Sie dann mit dem Edding auf einen Stein malen. Wie man Sigillen entwirft, erfahren Sie im nächsten Kapitel. Sobald alle Steine fertig bemalt sind, nehmen Sie diese mit auf einen Spaziergang. Wählen Sie für dieses Ritual und für alle anderen des Jahreskreises einen persönlichen Kraftort aus, der Sie mit positiven Gefühlen und innerem Frieden erfüllt.

An diesem Ort platzieren Sie dann Ihre Dankbarkeitssteine, die Sie rein intuitiv anordnen und platzieren. Vielleicht verteilen Sie diese weitläufig oder konstruieren einen Steinhaufen. Nehmen Sie sich Zeit, geben Sie sich voll und ganz dem Gefühl der Dankbarkeit hin und bringen Sie Ihren persönlichen Göttern bei dieser Gelegenheit noch ein Opfer dar. Das Besondere an diesem Ritual ist, dass Sie Ihren persönlichen Kraftort damit bereichern, und das auf eine sehr lohnende Art und Weise. Indem Sie dort jedes Jahr Ihre Dankbarkeit zum Ausdruck bringen, wird der Ort sich immer stärker mit positiver Energie aufladen. Wann immer Sie dann später einmal einen schlechten Tag haben, können Sie diesen Ort besuchen und sich von seinen Energien wieder aufrichten lassen.

Die Rauhnächte

Die Rauhnächte sind zwölf ganz besondere Nächte, die „außerhalb" der Zeit liegen und deren Zeitraum allein schon kompliziert zu bestimmen ist. In der Regel beginnen sie in der Nacht vom 24. auf den 25. Dezember (Heiligabend oder nach altem Glauben die „Mutternacht") und enden in der Nacht vom 5. auf den 6. Januar (die „Perchtennacht, von Perchta, der Wintergöttin, auch als Frau Holle oder bei den Kelten Hel, die Göttin der Toten, bekannt). Im Grunde beginnen diese Nächte aber bereits am 21. Dezember (dem Thomastag aus dem christlichen Glauben oder die Wintersonnenwende/Yule bei den Kelten), die vier Sonn- und Festtage, die innerhalb dieser Zeit liegen, sind eigentlich ausgenommen, da sie besondere Bedeutung besitzen: Der Thomastag (Wintersonnenwende) bezeichnet den Beginn, die Heilige Nacht und der 31. Dezember sind die wichtigsten Tage im Verlauf und die Perchtennacht mit dem anschließenden Dreikönigstag kennzeichnet ihr Ende.

In diesen besonderen Rauhnächten ist die Zeit am günstigsten für bestimmte Orakel oder Rituale, aber dazu später mehr, denn zunächst möchte ich zur Entstehung und der Bedeutung der Rauhnächte kommen. Sie entstanden aus der Notwendigkeit heraus, den beweglichen Mondkalender (nach dem die alten Kelten gelebt haben) mit dem festgelegten Sonnenkalender in Einklang zu bringen, sie füllen die Lücke zwischen den beiden Kalendern und bringen die gegensätzlichen Kräfte in Einklang. Dies macht die Rauhnächte zu einer besonderen magischen Zwischenzeit, einer Zeit zwischen dem alten und dem neuen Jahr, eine Art „Niemandsland". Die Menschen glaubten, dass in dieser Zeit die Türen in andere Welten offenstehen und die Götter und Geister umherziehen, daher leitet sich auch der Name Rauhnächte ab. Er kommt zum einen von dem alten Brauch, in diesen Nächten zu räuchern (man sagt auch Rauchnächte), um die bösen Geister zu vertreiben, zum anderen von rau, was sich auf das pelzige Aussehen der Dämonen, die in dieser Zeit ihr Unwesen treiben, bezieht.

Der Sage nach kommen die Götter Odin (der Göttervater), Frau Holle (Hel oder Perchta, die Göttin der Unterwelt), Freya (die Göttin der Liebe und Magie, die auch Macht über die Toten besitzt) und ihr Zwillingsbruder Freyr (der Gott der Fruchtbarkeit, der das Ende der dunklen Zeit bezeichnet, er ist der göttliche Sohn, der in der Heiligen Nacht geboren wird) in der „wilden Jagd" auf die Erde. Odin reitet auf seinem sechsbeinigen Schimmel Sleipnir durch die Himmel und die anderen Götter folgen ihm auf dieser wilden Jagd. Diese Sage mag zum Teil den heftigen Stürmen zuzuschreiben sein, die in diesen Nächten durchs Land toben. Unsere Vorfahren brachten der wilden Jagd Opfergaben in Form von Brot, Kuchen, Gebäck, Schweinefleisch, Erbsen, Bohnen, Grütze, Fischrogen und Mohn, den besonders Frau Holle gerne mag, in jeder Rauhnacht dar, um sie zu besänftigen und kein Unheil auf sich zu ziehen. Da die Götter in diesen Nächten unter uns weilen und besonders Frau Holle ein Auge auf uns hat, darf in dieser Zeit keine wesentliche Arbeit verrichtet werden. Wer sich nicht still und unauffällig verhält, zieht jede Menge Unheil auf sich. Frau Holle, also die Göttin der Unterwelt, Hel, die Faulheit normalerweise nicht toleriert, hat diese Nächte für uns geschaffen, damit wir uns zurückziehen, zur Ruhe und inneren Einkehr kommen. Wir sollen diese dunkle Zeit nutzen, das Alte loszulassen, um frei für das Kommende, Neue zu werden, deshalb duldet sie keinerlei Arbeiten in dieser Zeit.

So ist es in dieser Zeit nicht erlaubt, Wäsche im Freien oder auf dem Dachboden aufzuhängen, da sich sonst Krankheiten daran hängen, die sich auf den Menschen übertragen können. Außerdem verboten waren fast sämtliche Verrichtungen der damaligen Zeit, wie spinnen, nähen, klöppeln, mangeln, dreschen, Stiefel schmieren und Nägel einschlagen, selbst die Körperpflege wurde stark eingeschränkt, Füße waschen und Haare schneiden waren ebenfalls verboten. Auch Hülsenfrüchte sollte man in dieser Zeit auf keinen Fall zu sich nehmen, da es in manchen Gegenden hieß, man ziehe sich dadurch Geschwüre oder Krankheiten zu. Der wichtigste Brauch aber war das Räuchern zu Beginn und am Ende der Rauhnächte. Mit Weihrauch und rituellen Kräutern wurden die bösen Geister in Haus, Hof und Stall zu Beginn der Rauhnächte besänftigt, zum Ende hin wurden sie dann mit einer Räucherung vertrieben. Am 6. Januar soll man nach der reinigenden Räucherung besonders lange die Fenster öffnen, damit das Böse hinaus- und das Gute hineinkommen kann.

Da die Rauhnächte zwischen der Zeit liegen und die Türen zur anderen Welt offen stehen, sind diese Nächte besonders für die Zukunftsdeutung geeignet. Jede Nacht steht für einen Monat im kommenden Jahr, die Nacht vom 24. auf den 25. Dezember steht für den Januar, die nächste für den Februar und so weiter. In diesen Nächten wurde alles sehr aufmerksam beobachtet, das Wetter, wie man sich mit seinen Mitmenschen verstand und ob es Glücks- oder Unglücksfälle gab. Wer es verstand, konnte daraus auf die Ereignisse im kommenden Jahr schließen, mit einer Einschränkung: Es hängt alles vom 6. Januar ab, dem Dreikönigstag und damit dem Ende der Rauhnächte. War das Wetter an diesem Tage trocken, galt alles, was innerhalb der Rauhnächte beobachtet wurde, als aussagekräftig für das kommende Jahr. Schneite oder regnete es dagegen an diesem Tag, würde nichts von dem Beobachteten eintreffen und die Zukunft war ungewiss. Vielleicht liegt es daran, dass die Menschen sich zusätzliche Sicherheit verschaffen wollten, indem sie Orakel befragten, damals die Runen, seit Langem aber auch schon die unterschiedlichsten Orakelkarten. Dieser Brauch hat sich bis heute gehalten, in jeder Rauhnacht zieht man eine bis drei Karten (man kann aber auch eine ganze Legung machen), die den entsprechenden Monat des kommenden Jahres vorhersagen sollen. Aus eigener Erfahrung kann ich sagen, dass dies sehr zuverlässig funktioniert.

Zum Abschluss möchte ich sagen, dass diese Zeit für sensible Menschen sehr aufwühlend sein kann, es sind in der Tat starke Energien am Wirken und man macht keinen Fehler, wenn man sich entsprechend den alten Bräuchen verhält. Nutzt man diese Zeit für sich wie vorhergesehen zur inneren Einkehr, zur Besinnung auf die wirklich wichtigen Dinge im Leben und zum Loslassen von allem Negativen des vergangenen Jahres, startet man viel befreiter und gestärkt in die neue Zeit, das kommende Jahr. Dieses Verhalten hat sich bis heute in dieser christlich geprägten Zeit gehalten, die Weihnachtszeit als eine Zeit der Ruhe, des Friedens und der Einkehr. Ich persönlich empfinde es als eine Bereicherung, diese Zeit auch aus anderen, aus allen Perspektiven sowie ihre Ursprünge zu betrachten, weil wir darin längst vergessene Wahrheiten finden.

Ritual für die Rauhnächte

Da die Rauhnächte eine magische Zwischenzeit darstellen, sind sie grundlegend für jede Art von Magie hervorragend geeignet. Unabhängig davon, was Sie mit Ihrem Zauber erreichen wollen, in den Rauhnächten wird er die stärkste Wirkung entfalten. Deshalb stelle ich Ihnen an dieser Stelle ein Ritual vor, das sich besonders für den Silvesterabend eignet und auch auf jeder Feier sehr begeistert von allen Gästen mitgemacht wird. Selbst Menschen, die keinerlei Sinn für Magie haben, entwickeln für dieses Ritual erfahrungsgemäß eine Menge Begeisterung und sind voll bei der Sache. Sie benötigen pro Person lediglich eine Silvesterrakete sowie einen Zettel der Größe DIN A5, Stifte und etwas Klebeband. Im Laufe der Feier schreibt nun jeder seine Wünsche für das neue Jahr auf seinen Zettel und befestigt diesen mit Klebeband an einer Rakete. Achten Sie darauf, die Zettel so anzubringen, dass sie fest und eng mit der Rakete verbunden und möglichst einmal vollständig herumgewickelt sind. Dies ist wichtig, damit die Rakete auch ihre volle Flughöhe erreicht. Um Mitternacht werden die Raketen mit den Wünschen dann gemeinsam gezündet, womit Sie Ihre Wünsche aus magischer Sicht dem Universum übergeben.

SIGILLENMAGIE – DIE MAGISCHE KRAFT DER SYMBOLE

Mit der Sigillenmagie kommen wir zu einer der **beliebtesten Arten der Magie**, die besonders in der Wicca-Tradition sehr häufig ihre Anwendung findet. Das Schöne an dieser Art von Magie ist, dass man die hergestellten Sigillen auf unterschiedlichste Arten nutzen kann, denn sie wirken sowohl **für sich allein** als auch **in Kombination mit anderen Magieformen**, zum Beispiel der Ritualmagie. Doch klären wir zunächst einmal, was Sigillen eigentlich genau sind.

Das Wort Sigille stellt eine Ableitung des Begriffs Siegel dar und ein Siegel ist ein Symbol, weshalb **Sigillen in allererster Linie Symbole** sind. Was sie von normalen Symbolen unterscheidet, ist die Tatsache, dass sie mit der Absicht einer magischen Wirkung kreiert wurden. Im Altertum gab es diese Unterscheidung jedoch noch nicht, weshalb man damals Symbole, die zu diesem Zweck kreiert wurden, lediglich als Siegel bezeichnete. Einige dieser magischen Siegel sind uns in diesem Buch bereits begegnet, in Form des Pentagramms und des Pentakels. Im Bereich der Magie existiert eine Vielzahl von Sigillen, die von jedem Magier für bestimmte Zwecke verwendet werden können. Zum Beispiel hat jede Wesenheit der astralen Welt ein eigenes, feststehendes Siegel (bzw. Sigille), das man nutzen kann, um dieses Wesen zu beschwören, denn die Wesen sind an ihre Siegel gebunden. Auch im eher täglichen Leben werden wir ständig mit Siegeln, die ja im Grunde nur Symbole sind, konfrontiert, denn im Grunde ist auch jedes einfache Firmenlogo ein Siegel, wenn auch nicht magischer Art.

Sieht man sich einmal an, wie sehr unsere Welt von Siegeln und Symbolen geprägt ist, wie sehr sie für uns zum Alltag gehören (auch Buchstaben und Zahlen sind nur Symbole), liegt es nahe, Symbole auch für die magische Arbeit zu nutzen, und genau darauf beruht die Sigillenmagie. Man erstellt seine eigenen Siegel, um bestimmte Dinge zu symbolisieren und damit ins Leben zu rufen. Doch wie wirken Sigillen? Wenn man einen Wunsch oder eine Absicht auf die richtige Art in symbolische Form bringt, beginnt dieses Symbol, auf verschiedene Arten zu wirken. Der Hauptgrund dafür, Dinge in symbolische Form zu bringen, liegt wohl in der Vereinfachung, in der Magie geht es jedoch noch um etwas anderes: Der Magier sollte möglichst vergessen, was das kreierte Symbol im Detail bedeutet. Es geht hier also ums Loslassen, was einen der wesentlichsten Bestandteile magischen Wirkens darstellt. Nur wer wirklich in der Lage ist, der Magie zu vertrauen, behindert sie nicht in ihrer Wirkung. Ganz zu Beginn dieses Buches erklärte ich bereits, dass Magie auf der Ebene der Gedanken wirkt. Das bedeutet, je mehr Ihr Geist von Zweifeln bezüglich Ihrer magischen Arbeit besetzt ist, desto mehr Einfluss nimmt dies auch auf die Wirkung. Das macht Sigillenmagie zu einer hervorragenden **Anfängermagie**, denn diesem Problem gehen wir hier gezielt aus dem Weg. Indem Sie Ihre Absicht in eine abstrakte Form bringen, erlauben Sie Ihrem Geist, die Details zu vergessen und diese dem Unbewusstsein zu übergeben. Wird man dann regelmäßig mit diesem Symbol konfrontiert, beginnt das Unbewusstsein, ein entsprechendes Energiefeld zu erzeugen, so konzentriert man seinen Willen unbewusst auf das gewünschte Ziel. Auch die persönlichen Schutzgeister, die spirituellen Führer und die Götter, mit denen man arbeitet, werden auf diese Art sehr viel effektiver angesprochen, da keine direkte Kommunikation notwendig ist. Durch dieses Symbol teilen wir ihnen unsere Wünsche mit und auch sie helfen dabei, den gewünschten Zustand zu erzeugen. Somit wirken Sigillen meistens eher langsam, aber dafür umso effektiver. Die Herstellung von Sigillen ist dabei denkbar einfach und macht sogar noch eine Menge Spaß, deshalb lieben besonders die kreativen Menschen die Sigillenmagie. Bis auf **drei wichtige Grundregeln** ist man in der Herstellung seiner Sigillen völlig frei, man kann alles verwenden, was einem gefällt. Es ist dabei wichtig, dass man einen Bezug zu den verwendeten Symbolen hat, je stärker der persönliche Bezug ist, umso stärker ist auch die Sigille, aber dazu gleich noch mehr. Denn an erster Stelle steht die Formulierung einer Absicht. Dies ist die einzige Stelle im Prozess, an der man wirklich Fehler machen kann, weshalb es auch lediglich für diesen Schritt feste Regeln gibt:

1. Achten Sie darauf, was Sie sich wünschen, es könnte in Erfüllung gehen!

Hiermit ist gemeint, besonderen Wert auf die Formulierung zu legen, denn Wünsche werden vom Unbewusstsein und den Wesenheiten, die uns umgeben, **wörtlich** genommen. Formulieren Sie zum Beispiel den Wunsch „Ich wünsche mir Geld", werden Sie genau das auch bekommen und sich weiterhin Geld wünschen. Deshalb müssen Sie Ihre Absicht oder Ihren Wunsch in eine Form bringen, der das gewünschte Ergebnis ausdrückt, also zum Beispiel „Ich habe Geld" oder besser „Ich habe genug Geld". Damit entspricht der erste Schritt, also die Formulierung der Absicht, exakt dem gewünschten Ergebnis.

2. Formulieren Sie immer im Präsens!

Bedenkt man, dass der verwendete Satz wortwörtlich ausgeführt wird, wird auch klar, warum man in der Gegenwartsform formulieren muss. Die Formulierung „Ich werde Geld haben" kann sich nie erfüllen, denn nach diesem Satz hat man das Geld erst in der Zukunft. Da der Satz aber wörtlich ausgeführt wird, „wartet" man ewig auf eine Zukunft, die niemals eintreffen kann. Eine solche Formulierung steht sich gewissermaßen selbst im Weg.

3. Verwenden Sie niemals Negationen (Verneinungen)!

Unser Unbewusstsein kann mit Negationen nichts anfangen, sie sind zu abstrakt und werden deshalb ignoriert. Ein kleines Beispiel zur Verdeutlichung: Das Unbewusstsein „denkt" in Bildern und Symbolen, versuchen Sie also, sich den folgenden Satz einmal bildlich vorzustellen: „Der Hund jagt die Katze nicht". Letztlich manifestiert man also mit einer Negation genau das Gegenteil dessen, was man beabsichtigt. Das erste Bild, welches einem bei diesem Satz vor Augen kommt, ist nämlich ein Hund, der eine Katze jagt. Dann stolpert unser Bewusstsein über das „nicht", ist aber im Grunde nicht fähig, dieses in Bilder umzusetzen. Man muss erst nachdenken, wie dieses „nicht" aussehen soll. Deshalb werden Negationen vom Unbewusstsein ignoriert. Hier jetzt einmal ein Beispiel, wie es gar nicht geht: „Ich habe keine Angst". So funktioniert es: „Ich bin frei von Angst" oder besser „Ich bin mutig und stelle mich meinen Ängsten". Hat man ganz klare Absichten, genügt manchmal auch ein einzelnes Wort, das die Absicht der Sigille klar zum

Ausdruck bringt, z. B. Schutz, Erfolg, Gesundheit etc. Sobald Sie Ihre Absicht formuliert haben, können Sie auch schon damit beginnen, diese in eine symbolische Form zu bringen. Auch hier gibt es wieder zahlreiche Möglichkeiten, von denen ich nur einige wenige vorstellen werde, letztendlich ist es am wichtigsten, seine eigene Art zu entwickeln, wie man Sigillen herstellt. Der erste Schritt ist jedoch in jeder Methode gleich, man streicht alle doppelten Buchstaben aus. Auch hier wieder ein Beispiel:

Schritt 1 - Formulierung der Absicht:

Ich bin mutig und stelle mich meinen Ängsten

Schritt 2 - Ausstreichen der doppelten Buchstaben:
Umlaute werden für diesen Schritt ausgeschrieben

Ich bin mutig und stelle mich meinen Aengsten

Schritt 3 - Zusammenstellen der verbliebenen Buchstaben:

ICHBNMUTGSEA

Nachdem wir nun jeden Buchstaben auf ein einmaliges Vorkommen reduziert haben, existieren verschiedene Möglichkeiten, diese zu einer Sigille zu formen. Die einfachste Variante besteht darin, mit den einzelnen Buchstaben zu spielen und sie auf diese Weise zu einem abstrakten Symbol zusammenzufügen. Dabei darf man die Buchstaben auch drehen oder spiegeln, genauso darf z. B. ein M gleichzeitig ein W sein usw. Je weniger man in der fertigen Sigille noch die einzelnen Buchstaben erkennen kann, desto besser. In unserem Fall könnte das Ergebnis zum Beispiel wie folgt aussehen:

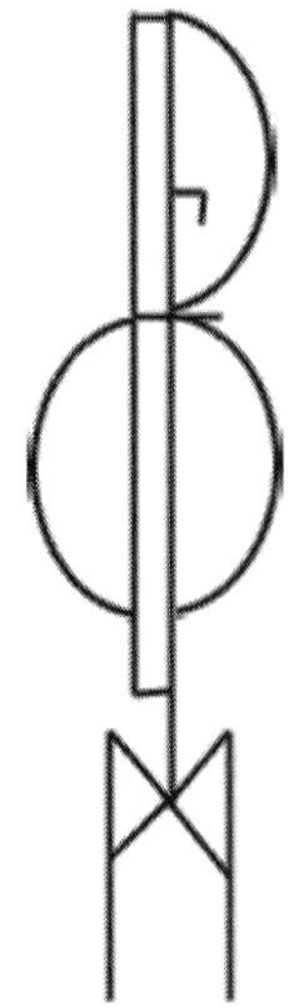

Sämtliche Buchstaben aus dem obigen Beispiel sind in diesem Bild zu einem Symbol vereint, während die ursprüngliche Aussage nicht mehr zu erkennen ist. Statt auf diese simpelste Art vorzugehen, können Sie die Buchstaben vorher auch noch mit Hilfe magischer Alphabete übersetzen, was die Gestaltungsmöglichkeiten unglaublich erweitert. Dabei können Sie auf das Runenalphabet zurückgreifen oder zum Beispiel das Henochische oder Thebanische Alphabet verwenden. Diese und andere magische Alphabete finden Sie leicht über Suchmaschinen im Internet, aus rechtlichen Gründen kann ich Ihnen hier leider keine Bilder anbieten. Außerdem können Sie zusätzlich Symbole einbinden, welche in ihrer eigenen Aussage die Wirkung Ihrer Sigille verstärken können. Eine Sigille, die Schutz verleihen soll, lässt sich zum Beispiel wunderbar mit einem Pentagramm verbinden. Sie können auch mehrere Sigillen miteinander kombinieren, das Ergebnis nennt man dann „Hypersigille". Solche Hypersigillen sind um einiges stärker als einfache Sigillen, da sie sich gegenseitig in ihrer Energie verstärken. Neben den alphabetisch kreierten Sigillen existiert noch eine weitere Variante, die ich Ihnen hier vorstellen möchte: die numerologischen Sigillen. Diese nutzen die Wissenschaft und die Magie der Numerologie, um nicht nur ein vollkommen abstraktes Siegel zu entwerfen, sondern dieses auch noch wirksamer zu machen. Die Zahlen verfügen über ihre eigene Magie und das Gebiet der Numerologie kann immer wieder wertvolle Ergänzungen zur Magie bieten. Deshalb empfehle ich Ihnen ganz unabhängig vom Thema Sigillenmagie, sich auch mit der Numerologie eingehender zu beschäftigen. Die Bedeutung von Zahlen als symbolische Komponente stellt in der Magie eine gängige Praxis dar, aus diesem Grund werden Zaubersprüche meist drei- oder neunmal aufgesagt. Sowohl die Drei als auch die Neun stellen heilige Zahlen der Vollendung dar. Doch kommen wir zurück zur Erstellung numerologischer Sigillen, die etwas komplizierter ist als die alphabetische Variante, aber mindestens genauso viel Spaß macht.

Numerologische Sigillen:

Zu Beginn wird die Absicht formuliert und die doppelten Buchstaben werden ausgestrichen, genauso wie bei der alphabetischen Variante. Dann müssen wir jeden Buchstaben zunächst in seinen Zahlwert übersetzen, wofür es unterschiedliche Systeme gibt. In diesem Beispiel arbeiten wir mit dem Umrechnungsschema des Pythagoras und der gleichen Absicht wie im vorigen Beispiel:

1	2	3	4	5	6	7	8	9
A	B	C	D	E	F	G	H	I
J	K	L	M	N	O	P	Q	R
S	T	U	V	W	X	Y	Z	

Nun haben wir also folgendes Bild:

I C H B N M U T G S E A

9 3 8 2 5 4 3 2 7 1 5 1

Jetzt addieren wir alle Zahlenwerte miteinander:

9 + 3 + 8 + 2 + 5 + 4 + 3 + 2 + 7 + 1 + 5 + 1 = 50

Aus dem Ergebnis bilden wir noch einmal die Quersumme, so lange, bis nur eine Ziffer übrigbleibt:

50 = 5 + 0 = 5

Die Quersumme oder in unserem Fall die numerologische Quintessenz unseres Satzes ist also die 5.

Als Nächstes benötigen wir ein magisches Quadrat, das folgendermaßen aussieht:

4	9	2
3	5	7
8	1	6

Dieses Quadrat stammt aus der Numerologie und wird deshalb als magisch bezeichnet, weil sich alle Zahlen, egal, in welche Richtung man rechnet, immer zum gleichen Ergebnis addieren lassen:

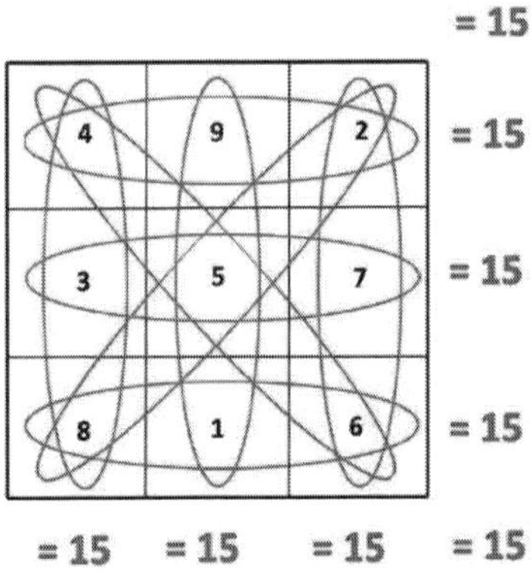

Jetzt beginnen wir, die Zahlen nach dem folgenden Muster zu übertragen: Die Fünf ist unsere Quintessenz, hier zeichnen wir ein Quadrat ein.

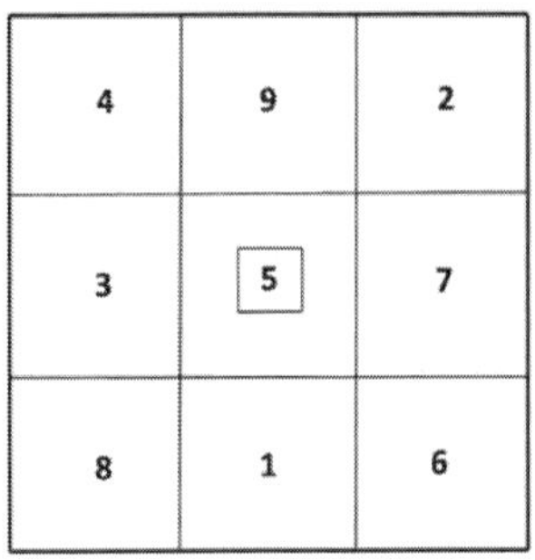

Als Nächstes übertragen wir die Zahlwerte der einzelnen Buchstaben. Die Neun ist der erste Buchstabe, unser Startpunkt, hier zeichnen wir einen Kreis ein.

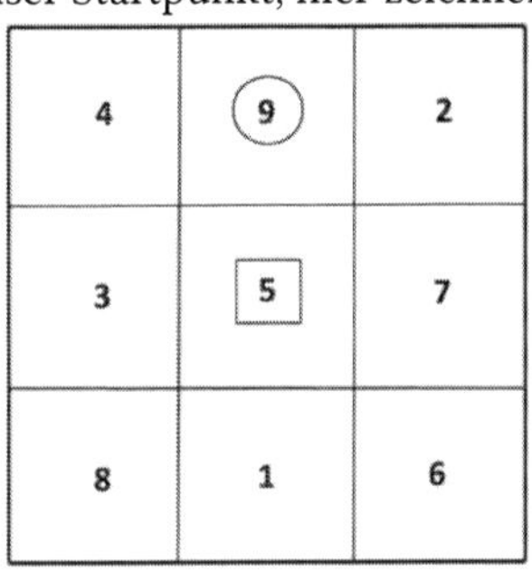

Der zweite Buchstabe ist die Drei, deshalb verbinden wir nun die Neun und die Drei mit einer direkten Linie.

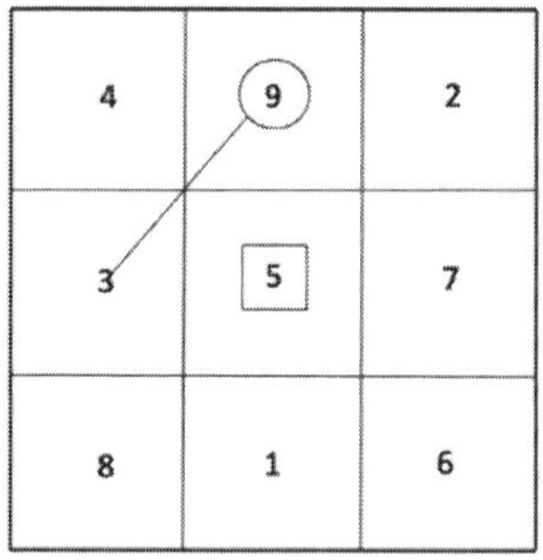

Nun ziehen wir eine Verbindung von der Drei zur Acht.

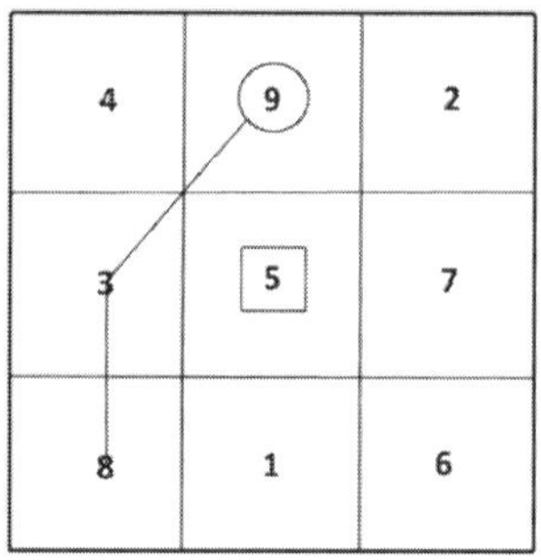

Jetzt verbinden wir die Acht und die Zwei. Die folgenden Schritte werde ich nicht mehr beschreiben, sondern nur noch grafisch darstellen, ich denke, das System ist klar. Hin und wieder kommt es dazu, dass Linien aufeinanderliegen, so dass sie nicht als einzelne Linien sichtbar sind. Dies wäre im nächsten Schritt der Fall, wenn wir eine Linie von der Zwei zur Fünf ziehen. Diese „nicht sichtbaren" Schritte werde ich aus diesem Grund nicht grafisch darstellen.

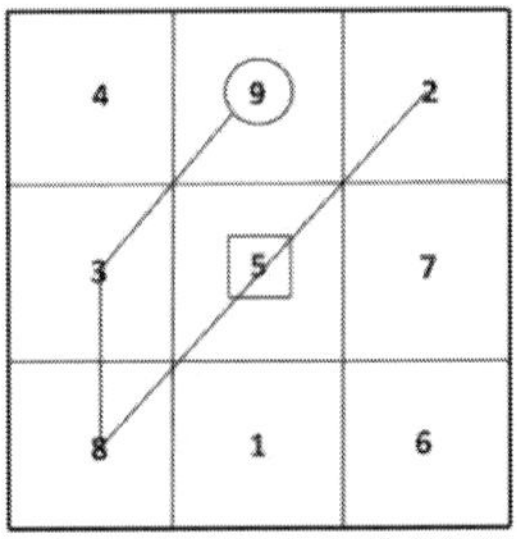
4 9 2
3 5 7
8 1 6

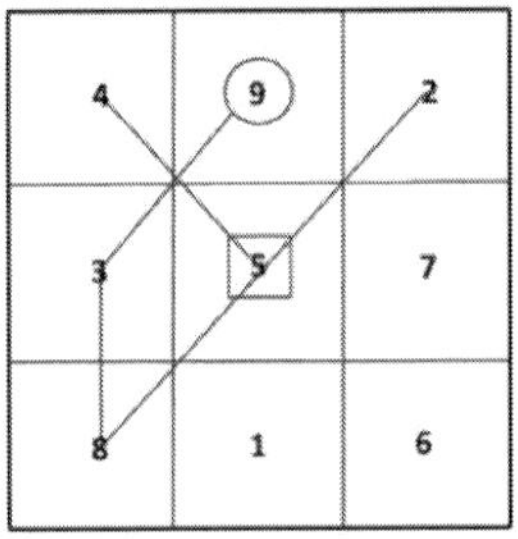
4 9 2
3 5 7
8 1 6

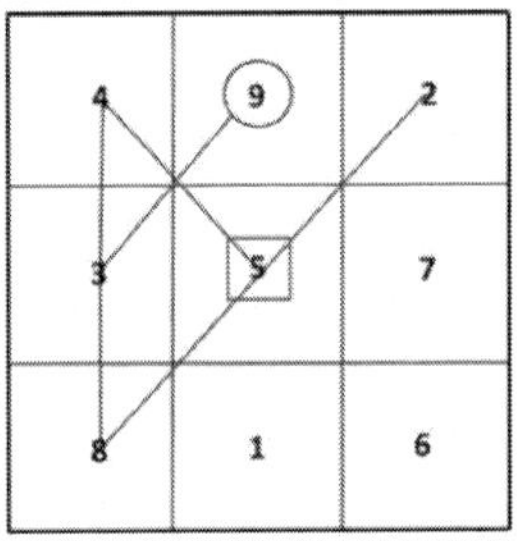
4 9 2
3 5 7
8 1 6

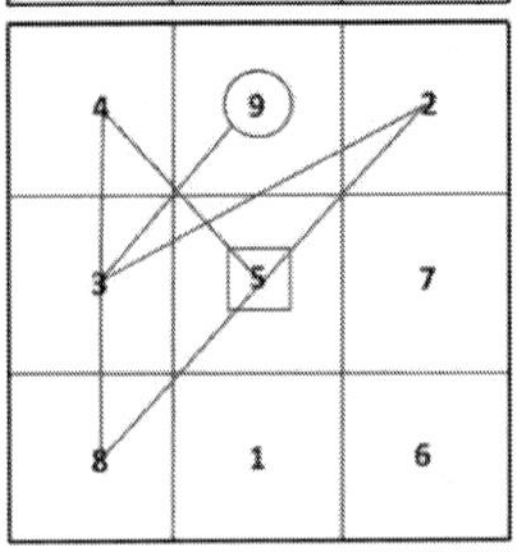
4 9 2
3 5 7
8 1 6

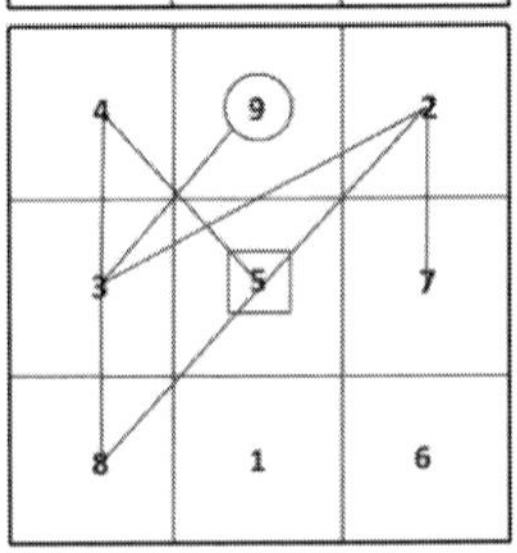
4 9 2
3 5 7
8 1 6

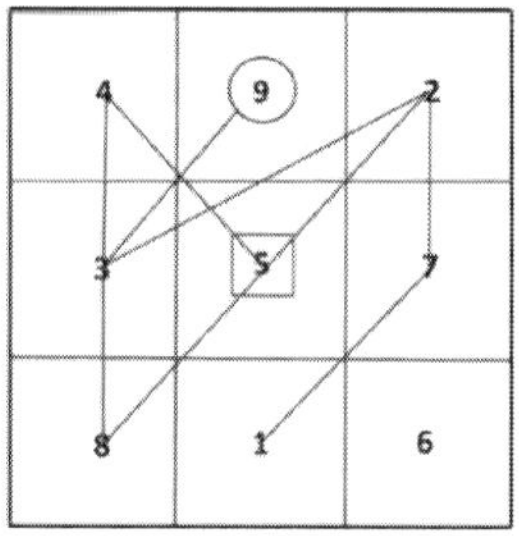

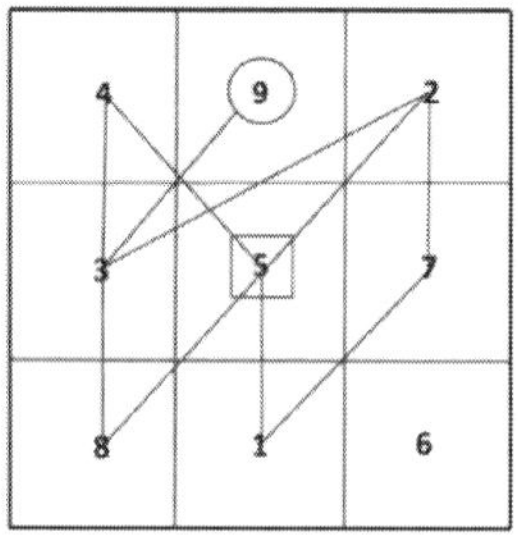

Da die Eins die letzte Zahl bzw. der letzte Buchstabe ist, schließen wir die Sigille hier wieder mit einem Kreis:

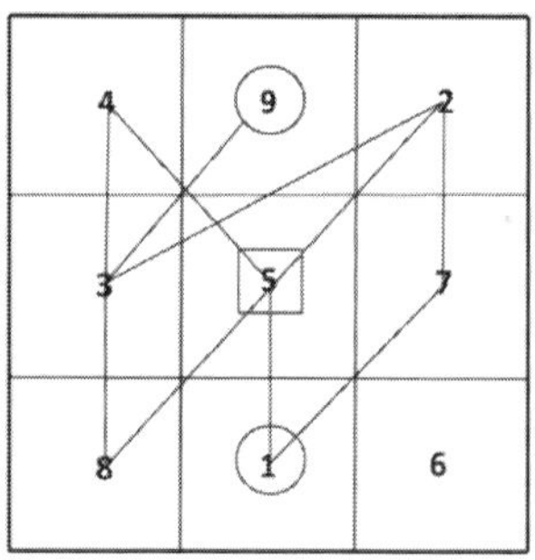

Die nun fertige Sigille wird jetzt noch einmal ohne das magische Quadrat aufgezeichnet:

Wie nun deutlich ersichtlich ist, sind numerologische Sigillen die wohl sicherste Variante, eine Absicht so stark zu abstrahieren, dass diese von uns tatsächlich mit der Zeit vergessen werden kann. Auch wenn Sie sicher nicht grundsätzlich vergessen werden, woran Sie magisch gearbeitet haben, werden Sie mit der Zeit jedoch eine Vielzahl an Ritualen abgehalten und Sigillen erstellt haben. Mit jeder neuen magischen Arbeit rücken bisher erstellte Sigillen dann aus Ihrem persönlichen Fokus, bis Sie eines Tages über eine Ihrer Sigillen stolpern und auf Anhieb tatsächlich nicht mehr sagen können, was diese bewirken sollte. Genau dies ist das Ziel von Sigillen, denn auf diese Weise kann Ihr Unbewusstsein vollkommen ungestört von Ihrem Verstand an der Manifestation arbeiten. Nun bleibt zuletzt noch zu klären, was Sie mit Ihren Sigillen anstellen oder, anders gesagt, wie Sie damit verfahren sollten.

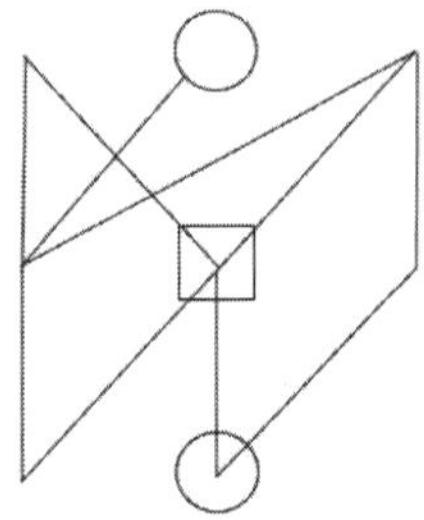

Sigillen müssen nämlich in einem letzten Schritt noch aktiviert werden und bei der hier zu verwendenden Methodik scheiden sich die Geister. Die meisten Wicca-Anhänger aktivieren Ihre Sigillen, indem Sie diese vernichten, was einfach und effektiv ist. Die Vernichtung kann auf vielerlei Arten geschehen, etwa durch Verbrennen. Eine andere Möglichkeit wäre, die Sigille zum Beispiel mit Senf auf ein Sandwich zu malen und dieses zu essen. Der Fantasie sind auch hier keine Grenzen gesetzt und man sollte die Art der Vernichtung dem Zweck der Sigille anpassen. Die Variante, diese aufzuessen, wäre zum Beispiel gut geeignet für einen Heilungs- oder Abnehmzauber. Außer der Vernichtung gibt es jedoch noch andere Möglichkeiten, Sigillen zu aktivieren, die meiner Ansicht nach besser sind, da sie die Verwendungsmöglichkeiten von Sigillen maximieren.

Zunächst ist es ganz wichtig und unerlässlich, die Sigille zu vergessen, bzw. die Absicht, die hinter der Sigille steht. Dafür räumt man sie erst einmal weg, man kann sie in einer speziellen Box verstauen oder in eine bestimmte Schublade legen, irgendwohin, wo man sie nicht mehr sieht, frei nach dem Motto: „Aus den Augen, aus dem Sinn!" Dann beschäftigt man sich mit anderen Dingen und schiebt jeden aufkommenden Gedanken an diese Sigille konsequent von sich. Eine schöne Methode ist es, gleich mit der nächsten Sigille zu beginnen. Wenn man diese ein paar Tage später fertig hat und sie wegräumt, stößt man wieder auf die letzte Sigille und sollte sich zumindest nicht mehr an den genauen Wortlaut erinnern können, was fürs Erste vollkommen genügt. Nun nimmt man sich die Sigille und meditiert darüber, einfach, indem man sich in einen meditativen oder tranceartigen Zustand versetzt und dann die Sigille eine Weile ansieht und auf sich wirken lässt. Ein Zustand der Gedankenleere ist hierfür unerlässlich, denn sonst würde man sofort beginnen, zu grübeln, welche Absicht hinter dieser Sigille steckte. Dafür eignet sich wieder die Meditation des geistigen

Raums der Leere. Diese Meditation stellt die Aktivierung der Sigille dar, die man im Anschluss nach Belieben verwenden kann.

Bei allgemeinen Wünschen empfiehlt es sich, diese irgendwo zu platzieren oder aufzuhängen, wo man sie oft sieht, aber eher nebenbei, so dass man nicht immer die Zeit hat, sich darauf zu konzentrieren. Sie sollte einfach nur da sein und einem immer wieder einmal ins Auge springen. Den Rest erledigen unser Unbewusstsein und unsere geistigen Helfer. Wenn Sie gerne malen, sind Sigillen eine schöne Möglichkeit, Ihr Hobby mit der Magie zu verbinden. Bannen Sie Ihre Sigillen auf Leinwand und toben Sie sich dabei künstlerisch so richtig aus. So entsteht nicht nur ein einzigartiges Kunstwerk, sondern auch noch eines, das es magisch in sich hat! Eine andere Möglichkeit besteht darin, Sigillen auf Amuletten oder magischen Utensilien aufzubringen, wie wir es in einem der bisher vorgestellten Rituale bereits getan haben. Außerdem können Sie Sigillen in der Ritualmagie einbinden, was sich besonders für Rituale eignet, die man häufiger abhält.

Es gibt aber auch noch eine sehr schöne andere Einsatzmöglichkeit für Sigillen: die Ritualmagie. Nehmen wir einmal an, Sie möchten eine Person vor negativen Energien schützen und Sie führen dieses Ritual öfter durch, vielleicht auch für mehrere, verschiedene Personen. Also kreieren Sie eine Sigille, welche Schutz vor negativen Energien bietet, gehen nach der üblichen Vorgehensweise vor und aktivieren diese zum Schluss mit einer Meditation. Nun hängen Sie diese Sigille aber nirgendwo auf, sondern verwenden sie stattdessen im Ritual. Wenn Sie die zu schützende Person beispielsweise durch ein Foto symbolisieren, können Sie im zweiten Schritt einfach die Sigille als Symbol für den Schutz, den Sie erzeugen wollen, auf dieses Foto legen. Auch hier sind die Einsatzmöglichkeiten praktisch unendlich und nur durch Ihre Fantasie begrenzt.

Zu guter Letzt sollten Sie noch wissen, wie Sie eine Sigille wieder unwirksam machen können, was zwar selten nötig oder erwünscht, hin und wieder aber doch einmal erforderlich ist. Bei der Erstellung von Sigillen kann es nämlich, wie bei jeder Form der Magie, auch einmal zu unerwünschten Nebeneffekten kommen, zum Beispiel, weil man in seiner Absichtsformulierung nicht präzise genug war. An dieser Stelle wird deutlich, warum ich persönlich kein großer Freund der Variante bin, Sigillen durch Vernichtung zu aktivieren. In diesem Fall müsste man nämlich eine neue Sigille kreieren, um ihre Wirkung aufzuheben. Sigillen, die mittels Meditation aktiviert wurden, können hingegen durch Vernichtung auch in ihrer Wirkung aufgehoben werden. Am besten verbrennen Sie diese und visualisieren dabei, wie das von ihr erzeugte Energiefeld sich auflöst und die eingetretene Wirkung damit ebenso verschwindet.

DIE MAGIE DER EDELSTEINE UND ZAUBERPFLANZEN

In diesem letzten Kapitel zur magischen Praxis widmen wir uns den Hauptzutaten der allermeisten Zauber und Rituale: den Edelsteinen und Heilpflanzen. Ich werde Ihnen hier die wichtigsten, in der Magie verwendeten Steine und Pflanzen kurz vorstellen und Ihre Eigenschaften beschreiben, entsprechend haben Sie mit diesem Kapitel ein weiteres Nachschlagewerk für die Entwicklung eigener Zauber und Rituale. Zum Abschluss stelle ich noch einige Zauber zu den wichtigsten Themen vor, die einige dieser Pflanzen und Steine nutzen. So können Sie ein Gefühl dafür entwickeln, wie viele Möglichkeiten der Anwendung sich Ihnen durch dieses Wissen bieten und wie Sie es am besten anwenden können. Einige der im Folgenden vorgestellten Steine und Pflanzen sind uns bereits in den bisher vorgestellten Ritualen begegnet, nun haben Sie Gelegenheit, Ihr Wissen zu vervollkommnen.

Kleine Übersicht über die wichtigsten Edelsteine

Edelsteine werden in der Magie vor allem in Ritualen genutzt, aber auch als Anhänger, der auf einem Chakra getragen wird, oder für Zauberstäbe. Dabei lassen sie sich beliebig miteinander kombinieren. Wenn Sie eine körperliche oder mentale Wirkung wünschen, können Sie auch ein Edelsteinwasser herstellen. Dafür geben Sie den entsprechenden Stein, oder eine Mischung aus verschiedenen Steinen, einfach in einen Krug mit Wasser und laden dieses damit für einige Stunden auf, bevor Sie es trinken. Im Vorfeld sollte der Stein jedoch gereinigt und aufgeladen werden, was ohnehin regelmäßig mit allen Edelsteinen getan werden muss. Zum Reinigen oder Entladen legt man Steine entweder über Nacht auf Hämatit-Pebbles oder man reinigt sie unter fließendem Wasser bzw. mit einer Räucherung. Aufgeladen werden sie entweder in der Sonne, dem Mond (je nach Zugehörigkeit des Steins und gewünschter Energie) oder auf einer Bergkristallstufe.

Amethyst:

Der Amethyst wird aufgrund seiner violetten Farbe dem Kronen-Chakra zugeordnet, deshalb ist er für sämtliche Themen zuständig, die auf physischer Ebene den Kopf betreffen, sowie für alle mentalen und psychischen Themen. Deshalb kann dieser Stein dazu genutzt werden, negative Energien und Emotionen aufzulösen, die den Geist belasten, wie Angst, Wut, Zorn und Stress. Für die spirituelle Arbeit ist er unerlässlich, da er helfen kann, die außersinnliche Wahrnehmung zu steigern, außerdem hilft er auf körperlicher Ebene gegen Kopfschmerzen. Hierfür legt man den Stein am besten direkt auf den schmerzenden Bereich auf oder bereitet ein Edelsteinwasser zu, welches dann getrunken wird.

Aventurin:
Aventurin wird aufgrund seiner Farbe dem Herz-Chakra zugeordnet, deshalb ist er der beste Stein für alle Zauber zum Thema Liebe, Partnerschaft und Ehe. Auch für Freundschaften und familiäre Bindungen kann seine Energie zur Verstärkung der Bindung und der Harmonie genutzt werden. Darüber hinaus fördert er die Kreativität und schützt uns davor, uns über andere zu erheben und hochmütig zu werden. Auf körperlicher Ebene verwendet man ihn zur Linderung von Erkrankungen der Augen und der Haut sowie zur Wundheilung.

Bergkristall:
Der Bergkristall lässt sich am ehesten dem Kronen-Chakra zuordnen, ähnlich wie der Amethyst. Dies begründet sich darin, dass dieses Chakra eigentlich im ultravioletten Bereich schwingt, also einer Farbe, die für das menschliche Auge nicht mehr wahrnehmbar ist. Deshalb werden diesem Chakra sowohl violette Steine zugeordnet als auch der farblose und reine Bergkristall. Er ist der Stein der absoluten Reinheit und der höchsten Harmonie, außerdem ist er ein hervorragender Energieleiter und Informationsspeicher. Er kann dabei helfen, die Aura zu harmonisieren, den Schlafrhythmus zu stabilisieren und Blockaden zu lösen. Magisch nutzt man ihn für alle Zauber, die mit Klarheit und Reinheit zu tun haben, außerdem zur Verstärkung der Wirkung anderer Edelsteine.

Bernstein:
Bernstein ist im Grunde genommen kein Stein, sondern vielmehr ein versteinertes Harz. Deshalb haften diesem „Stein“ ganz besondere Eigenschaften an, da er die Lebensenergie von Bäumen in sich trägt und diese über Jahrtausende hinweg gespeichert hat. Das macht ihn zu einem großartigen Stein, wenn es darum geht, mit den Toten in Kontakt zu treten, zu diesem Zweck wird er am besten verräuchert. Er ist auch ein hervorragender Trostspender, denn er lehrt uns, dass der Tod nicht das Ende ist und von uns allen etwas auf dieser Ebene zurückbleibt. Somit schenkt er uns auch neuen Mut und beschützt uns vor jenen, die uns Schaden zufügen wollen. Auf körperlicher Ebene verwendet man ihn vor allem bei Atemwegserkrankungen, dies kann entweder durch Räucherungen, Edelsteinwasser oder die Nutzung in magischen Ritualen geschehen.

Chrysocoll:
Dieser hellblaue Stein wird dem Stirn-Chakra zugeordnet, also unserem dritten Auge. Deshalb kann er für alle Themen, die den menschlichen Geist und unsere mentalen Fähigkeiten betreffen, verwendet werden. Auch die außersinnliche Wahrnehmung und die Kommunikation mit anderen Ebenen wird durch ihn gefördert. Er sorgt dafür, dass wir bodenständig und bescheiden bleiben, hilft uns, anderen zu vergeben, und kann schmerzhafte Gefühle, die das Herz belasten, lindern. Auf körperlicher Ebene soll er vor allem gegen Geschwüre und Menstruationsbeschwerden helfen.

Diamant:
Der Diamant ist, wie der Bergkristall, ein Stein des Kronen-Chakras, der die Wirkung anderer Edelsteine verstärkt, Energien speichert und leitet und uns der Erleuchtung näherbringen kann. Für Zauber, die das Selbstbewusstsein stärken, Mut verleihen oder Erfolg bringen sollen, ist er am besten geeignet.

Dolomit:
Der Dolomit ist der Stein der Kreativität und Inspiration, er verstärkt die Fantasie und lässt uns vor neuen Ideen übersprudeln. Auf körperlicher Ebene setzt man ihn bei Verdauungsbeschwerden ein.

Fluorit:
Der Fluorit, der eng mit dem Bergkristall verwandt ist, gehört ebenfalls zu den Steinen des Kronen-Chakras. Seine Energie stärkt die spirituellen und magischen Fähigkeiten, hilft dabei, das Traumleben klarer und bewusster werden zu lassen, und beruhigt die Nerven.

Lapis Lazuli:
Der Lapis Lazuli hilft uns, innere Stabilität, Harmonie und Ausgeglichenheit zu finden, deshalb kann er gut zur Meditation und Selbstreflexion eingesetzt werden. Außerdem wirkt er sich transformierend auf negative Energien aus, deshalb hilft er bei einer ganzen Bandbreite an Beschwerden, die durch nervöse Überreizung verursacht werden, wie Kopfschmerzen, Menstruationsbeschwerden, Hauterkrankungen und Bluthochdruck.

Magnesit:
Der Magnesit ist ein stark magnesiumhaltiger Stein, deshalb wird er zu Heilungszwecken bei Krankheiten oder Verletzungen eingesetzt, die einen Mangel an Magnesium als Ursache haben oder bei denen Magnesium sich positiv auswirkt. Dazu gehören Knochenbrüche und Osteoporose, Erkrankungen und Beschwerden der Leber, Muskelkrämpfe und -schwäche.

Malachit:
Der Malachit hilft uns bei der Bewusstwerdung unserer tiefsten Ängste und dem Umgang mit diesen. Er schenkt uns Trost und Balance und hilft dabei, unseren Mitmenschen gegenüber toleranter zu werden. Auf körperlicher Ebene hilft er bei Vergiftungen, Infektionen der Augen, Erkrankungen des Immunsystems und Asthma.

Mondstein:
Für den Mondstein ist der Name Programm, er ist Träger der weiblichen Energie und hilft uns, mit unserer eigenen Weiblichkeit in Verbindung zu treten. Dies betrifft vor allem Eigenschaften wie Empathie und Empfindungsfähigkeit. Die Energie des Mondsteins hat eine stark harmonisierende Wirkung und hilft, den Geist offen zu halten sowie auch andere Perspektiven einzunehmen. Auf körperlicher Ebene stabilisiert er das hormonelle Gleichgewicht, hilft gegen Menstruationsbeschwerden und löst Blockaden im Lymphsystem.

Nephrit:
Der Nephrit ist der Stein der Gelassenheit, er hilft uns, auch in schweren Zeiten nicht von unseren Gefühlen überwältigt zu werden, und lindert Depressionen. Auf körperlicher Ebene hilft er bei Erkrankungen der Blase und der Nieren.

Obsidian:
Der Obsidian ist ein Stein vulkanischen Ursprungs, denn im Grunde ist er erkaltete und erstarrte Lava. Deshalb werden ihm magnetische Kräfte zugeschrieben, die auf den Geist wirken und dadurch mentale Fähigkeiten verstärken. Außerdem kann er hilfreich dabei sein, Energien zu beruhigen, die sich aufwühlend auswirken. Durch seine Herkunft aus den Tiefen der Erde ist er ein guter Stein, um sich mit Mutter Erde zu verbinden und so zu erden. Auf körperlicher Ebene wird er gegen Augenleiden eingesetzt.

Onyx:

Der Onyx schützt uns vor negativen Energien und verhilft uns zu einer verbesserten Konzentration und mehr Geduld. Er stärkt die Selbstdisziplin und macht uns zu einem besseren Zuhörer, auf körperlicher Ebene hilft er zudem gegen Augenleiden.

Perle:

Die Perle ist zwar kein Stein, wird aufgrund ihrer besonderen Eigenschaften aber dennoch gern in der Magie genutzt. Denn sie ist ein gutes Hilfsmittel, wenn es darum geht, Flüche abzuwehren. Außerdem kann die Perle uns ein starkes Gefühl von Geborgenheit schenken. Auf körperlicher Ebene hilft sie gegen Hautprobleme und bei Verstopfung.

Pyrit:

Pyrit ist im Volksmund auch als Katzengold bekannt, da der Stein über ein sehr ähnliches Aussehen verfügt. Er ist ein starker Energieträger und kann uns deshalb vor allem neue Energie schenken, wenn wir überlastet sind. Die Pyritsonne ist eine spezielle, scheibenartige Form dieses Steins, die Energien besonders gut absorbiert. Wer sich unwohl fühlt oder das Gefühl hat, etwas würde nicht stimmen, kann die Pyritsonne auf die Chakren auflegen, um mögliche negative Einflüsse absorbieren zu lassen. Auf körperlicher Ebene verwendet man den Pyrit gegen alle chronischen Leiden und zur Stärkung der mentalen Fähigkeiten.

Rosenquarz:

Rosenquarz ist ein guter Stein für medial arbeitende Menschen, er hilft bei der Selbsterkenntnis und bringt uns in Verbindung mit unserem Herzen. Deshalb wird er auch häufig bei Zaubern verwendet, die mit Liebe zu tun haben, was sich auf jegliche Form der Liebe bezieht: partnerschaftlich, freundschaftlich oder familiär. Auch Ängste lassen sich mit diesem Stein gut lindern und auf körperlicher Ebene lindert er zudem Asthma. Größere Rohsteine verfügen darüber hinaus über die Eigenschaft, Elektrosmog zu neutralisieren, weshalb man diese in der Nähe von Steckdosen und elektronischen Geräten aufstellen sollte.

Saphir:

Der Saphir ist ein Stein, der besonders wohltuend auf der mentalen Ebene wirkt. Wer müde und erschöpft oder überlastet ist, wird durch ihn erfrischt und mit neuer Energie versorgt. Er lindert außerdem Depressionen und öffnet uns für religiöse oder spirituelle Themen. Auf körperlicher Ebene wird er gegen Asthma, Augenkrankheiten und hohen Blutdruck eingesetzt.

Smaragd:

Der Smaragd verfügt über ein sehr breites Wirkungsspektrum, so hilft er auf mentaler Ebene gegen Burnout, Trägheit, übersteigertes Selbstwertgefühl, Ängste, Albträume und schlechte Laune. Auf der körperlichen Ebene setzt man ihn ein bei Diabetes, Epilepsie, Beschwerden der Wirbelsäule, Schlafproblemen, Augenkrankheiten und zur Senkung von Fieber und Blutdruck.

Topas:

Der Topas stärkt unser Selbstbewusstsein, hilft uns, unsere eigenen Fehler zu erkennen und mit schwierigen Situationen besser umzugehen, dabei stärkt er zudem unsere Willenskraft. Auf körperlicher Ebene wird er zur Beruhigung des Herzens verwendet, besonders bei Herzrhythmusstörungen, aber auch gegen entzündliche Prozesse, Hauterkrankungen, Husten, Masern und Mumps.

Zitrin:

Der Zitrin (auch Citrin) hilft uns gegen negative Energien, die unseren Geist vergiften, so lindert er Albträume, Depressionen und Ängste. Aber auch bei Beschwerden des Verdauungsapparats und bei unreiner Haut entfaltet er seine Wirksamkeit. Vorsicht vor gefälschten Zitrinen im Handel: In Esoterikläden werden meist gebrannte Amethyste als Zitrine verkauft. Der Amethyst verändert seine Farbe von lila zu gelb, wenn er großer Hitze ausgesetzt wird. Da dieser Stein günstiger ist, machen viele Händler hier ein gutes Geschäft, andere erkennen den Unterschied einfach nicht. Es ist nicht ganz einfach, einen echten Zitrin von einem gefälschten zu unterscheiden, das Gelb vom Zitrin geht ein wenig mehr ins Bräunliche als das des gebrannten Amethystes. Ein anderes Erkennungsmerkmal ist der Preis. Zitrine sind relativ teuer, wenn Sie ein Exemplar angeboten bekommen, das in der Preisklasse eines Amethystes liegt, lassen Sie besser die Finger davon.

Kleine Übersicht über die wichtigsten Heilpflanzen und Kräuter

Die Pflanzenkunde nimmt einen wesentlichen Teil der Magie ein, dabei schließt man in den meisten Fällen von der Wirkung einer Pflanze auf körperlicher Ebene auf ihre magischen Eigenschaften. Einige Pflanzen gelten aber auch aufgrund alter Legenden, die sich um sie ranken, als Zauberpflanzen. Wollte ich hier alle Pflanzen vorstellen, die sich magisch nutzen lassen, müsste ich noch mindestens drei weitere Bücher schreiben, denn im Grunde ist jede Pflanze magisch nutzbar. Deshalb beschränke ich mich hier auf eine kleine Auswahl und empfehle Ihnen, sich anhand der Bücher im Quellenverzeichnis selbst in der Tiefe weiterzubilden. Bezüglich der Anwendung von Pflanzen im magischen Bereich gibt es ebenso vielfältige Möglichkeiten, die häufigste Art der Anwendung ist wohl das Räuchern. Doch auch Salben, Öle und Tees werden gerne magisch verwendet, genauso wie kleine Kräutersäckchen, die man bei sich trägt oder je nach gewünschter Wirkung unter das Kopfkissen legt.

Apfel:

Um den Apfel rankt sich eine Vielzahl von Geschichten und Legenden, man denke da nur an die Geschichte von Adam und Eva. Der Hauptgrund, warum der Apfel als Zauberpflanze betrachtet wird, liegt jedoch in seinem Inneren. Schneidet man einen Apfel auf und legt das Kerngehäuse frei, erkennt man ein Pentagramm, also das wichtigste Schutzsymbol in der Magie. In alten Zeiten haben Hexen halbierte Äpfel um ihren Schutzkreis herum ausgelegt, um diesen zu verstärken – ein Brauch, der sich bei einigen Hexen bis heute gehalten hat. Doch der Apfel kann noch mehr, denn er gilt auch als Symbol für die Liebe. So kann man ihn gut in Liebeszaubern verwenden und seine Blüten helfen, ein gebrochenes Herz zu heilen.

Bärlauch:

Dem Bärlauch werden vor allem kraftspendende Eigenschaften nachgesagt, was sich zum Teil in seinem Namen begründet. Da Bären, die frisch aus dem Winterschlaf kommen, diesen in rauen Mengen fressen, glaubte man in früheren Zeiten, es wäre diese Pflanze, die ihnen ihre Kraft verleiht. Doch auch die vielfältigen Wirkungen, die der Bärlauch auf die Gesundheit hat, machen ihn zu einem Kraftspender. Er gilt als natürliches Antibiotikum und tötet damit zuverlässig alle Arten von Bakterien ab, außerdem wirkt er schleimlösend, blutdruck- und blutzuckersenkend und enthält jede Menge Vitamin C, wodurch er das Immunsystem stärkt. In der Magie kann man ihn deshalb gut nutzen, um sich gegen Angriffe zur Wehr zu setzen, oder für allgemeine Schutzzauber.

Baldrian:

Baldrian ist vor allem wegen seiner beruhigenden Wirkung bekannt, die man nutzbar macht, indem man zum Beispiel Kräutersäckchen damit befüllt. Diese können unters Kopfkissen gelegt werden und fördern somit den Schlaf. Wenn man sie bei sich trägt, sollen sie aber auch Glück bringen. In der Kräuterheilkunde war Baldrian ein wichtiger Bestandteil von Tinkturen, die gegen Seuchen und Vergiftungen eingesetzt wurden. Magisch wird die Baldrianwurzel verwendet in reinigenden und schützenden Räucherungen und Zaubern, außerdem findet sie Anwendung in Liebeszaubern. Die liebesfördernde Wirkung, die man dem Baldrian nachsagt, kommt vermutlich von seiner betörenden Wirkung auf Katzen, die darauf sogar noch stärker reagieren als auf Katzenminze. Er ist also ebenfalls ein gutes Mittel, die magischen Assistenten in Form der Hauskatzen bei Laune zu halten.

Brennnessel:

Die Brennnessel ist eine weitverbreitete Pflanze, die über zahlreiche gesunde Inhaltsstoffe verfügt. Sie wird vor allem gegen Rheuma, Arthritis und Hautkrankheiten eingesetzt, hilft aber aufgrund ihres hohen Mineralstoff- und Vitamingehalts auch, das Immunsystem zu stärken und das Nervensystem zu unterstützen. In der Magie konzentriert man sich jedoch hauptsächlich auf eine weitere Wirkung, denn die Blätter und Samen der Pflanzen sind ein natürliches Aphrodisiakum. Aus diesem Grund verwendet man die Brennnessel besonders in Liebeszaubern.

Farn:

Farn wurde in der Kräutermedizin früher gegen Wurmbefall und Beschwerden der Wirbelsäule eingesetzt. Heutzutage wird dieser nur noch in der Homöopathie verwendet, da er hochgiftig ist und die richtige Dosierung so gut wie nicht einschätzbar ist. Für die Magie hat diese Pflanze jedoch noch immer einen hohen Stellenwert, da man ihr vor allem schützende Eigenschaften nachsagt. Darüber hinaus lässt sich der Farn gut in Zaubern für Glück und Erfolg verwenden, entweder als Zutat einer Räucherung, in einem Kräutersäckchen oder als rein symbolische Zutat.

Frauenmantel:
Der Frauenmantel gehört zu den Pflanzen, die der Göttin Frigg geweiht wurden, deren Aspekte vor allem Liebe und Fruchtbarkeit sind. Auch der Name dieser Pflanze ist Programm, denn sie hilft bei allen Frauenleiden, da sie über blutstillende Eigenschaften verfügt. In der Magie kann man den Frauenmantel daher gut verwenden in Liebes- und Fruchtbarkeitszaubern, aber auch zur Linderung von Verlustschmerz.

Ginkgo:
Ginkgo gehört zu den ältesten Pflanzen dieser Erde und verfügt über ein sehr breites Wirkungsspektrum. Man setzt ihn vor allem ein bei Erkrankungen der Lunge und der Haut sowie zur Förderung der Durchblutung und der geistigen Leistungsfähigkeit. In der Magie findet er Verwendung in den Themenbereichen Liebe, Balance, Transformation, Geburt, Tod und Wiedergeburt.

Holunder:
Der Holunder war für die alten Kelten eine der heiligsten Pflanzen, denn er wurde der Göttin Hel zugeordnet, die auch als Holla oder Frau Holle bekannt ist. Der Busch bezieht deshalb seinen Namen von ihr, früher war er als Hollerbusch bekannt. Hel wacht über die Unterwelt, schützt aber auch die Natur, also die Pflanzen- und Tierwelt. Deshalb sagt man dem Hollerbusch vor allem schützende Eigenschaften nach, in der Tat schützt er sogar vor schwarzer Magie. Will man den Holunder in Schutzzaubern nutzen, nutzt man am besten seine Beeren, das Holz lässt sich gut für Amulette verwenden. Den besten Schutz, sowie Glück und Segnung, erhält aber, wer sich einen Holunder in den Garten oder vor das Haus pflanzt und diesen gut hütet. Einer alten Legende zufolge bestraft die Göttin all jene, die es wagen, einen Holunderbusch zu zerstören oder auszugraben. Sollten Sie einen solchen Busch in Ihrem Garten haben, passen Sie also besser gut darauf auf. Wenn Sie der Pflanze etwas entnehmen, geben Sie ihr auch immer eine kleine Opfergabe zurück, zum Beispiel ein paar Ihrer Haare oder einen Schluck Met.

Johanniskraut:
Johanniskraut ist eine der ältesten Hexenpflanzen, die man in der Nacht der Sommersonnenwende erntet (Johannistag). Man sagt der Pflanze starke Kräfte zum Schutz vor Dämonen und bösen Geistern nach, sie ist aber auch eine ebenso starke Heilpflanze. Die bekannteste Wirkung dürfte wohl die Linderung von Depressionen und Ängsten sein, doch Johanniskraut wirkt auch gegen Frauenleiden, Blutarmut, Krämpfe, Nervenleiden, Erkrankungen des Magens, der Leber und der Galle und fördert die Wundheilung. Beachten Sie bitte, dass Johanniskraut, sollten Sie es einnehmen, die Wirkung empfängnisverhütender Mittel aufhebt.

Knoblauch:

Der Knoblauch gilt, wie die Brennnessel und die Petersilie, als natürliches Aphrodisiakum, weshalb er sich gut in Fruchtbarkeits- und Liebeszaubern verwenden lässt. Als Heilpflanze verfügt er über identische Eigenschaften wie der Bärlauch, zu dem eine enge Verwandtschaft besteht. Einer alten Legende nach wuchs an der Stelle, an der Satan das Paradies verließ, der erste Knoblauch. Deshalb sagt man dieser Pflanze bis heute nach, dass sie böse Geister, Dämonen und Vampire fernhält.

Lavendel:

Der Lavendel findet in der Magie Einsatz als starke Schutzpflanze, die selbst den Teufel vertreiben soll. Aber auch für Liebes- und Fruchtbarkeitszauber sowie gegen ein gebrochenes Herz wird er gerne eingesetzt. Lavendel in einem Kräutersäckchen tröstet, beruhigt und fördert einen guten Schlaf.

Linde:

In der Magie findet die Linde vielseitige Verwendung, so kann man sie in Heilungszaubern nutzen, indem man die Krankheitsenergien auf ihr Holz überträgt. Ihre Blüten finden Anwendung in Schutzzaubern gegen böse Geister und Unwetter sowie in Zaubern für Gerechtigkeit, Loyalität und Treue, Ehrlichkeit und Liebe.

Löwenzahn:

Löwenzahn soll nach einer Legende Wünsche erfüllen, was nicht nur durch das Auspusten seiner reifen Blüten funktioniert, denn in früheren Zeiten rieben sich Hexen für Wunschzauber mit seinem Saft ein. In Räucherungen werden die getrockneten Blätter verwendet, um Kontakt zu den Toten aufzunehmen.

Maiglöckchen:

Maiglöckchen verwendet man in der Magie in Räucherungen und Kräutersäckchen für die Themen bedingungslose Liebe, Reinheit der Liebe und Treue. Verwenden Sie diese Pflanze niemals für Tees, Salben oder Tinkturen, da sie hochgiftig ist.

Malve:
Die Malve wird ebenfalls hauptsächlich in Räucherungen verwendet, hier hilft sie bei Problemen mit der Fruchtbarkeit, schützt ungeborene Kinder und bietet allgemeinen Schutz vor Krankheiten.

Mandragora:
Mandragora, auch bekannt als Alraune, Alraunwurz oder Alraunmännchen, gehört wohl zu den bekanntesten Zauberpflanzen. Wer eine lebende Alraune in seinem Garten hat, genießt besonderen Schutz und das Glück ist ihm geneigt. Das Holz der Wurzel wird vor allem für Schutzzauber, Liebes- und Glücksrituale verwendet. Auch die Alraune ist hochgiftig, weshalb sie in Deutschland unter das Arzneimittelgesetz fällt und getrocknetes Wurzelholz im Handel nicht erhältlich ist. Wenn Sie Alraune verwenden möchten, müssen Sie diese aus dem Ausland beziehen, was ein Risiko beim Zoll darstellt und deshalb nicht empfehlenswert ist. Besser ist es, die Pflanze selbst im Garten oder auf dem Balkon zu ziehen, lebende Pflanzen dürfen gehandelt werden und sind in einigen Gärtnereien erhältlich. Gärtnerei Rühlemann in Hamburg führt diese Pflanzen und versendet sie auch, beachten Sie aber bitte außerdem, dass Sie einen Platz zum Überwintern dieser mediterranen Pflanze benötigen. Dafür eignet sich ein Gewächshaus oder ein heller Kellerraum. In der Wohnung würde es der Alraune im Winter zu warm werden und sie würde eingehen.

Mistel:
Die Mistel, die schon von den alten Kelten verehrt wurde, wird meist mit dem Thema Liebe in Verbindung gebracht, was dem alten Brauch geschuldet ist, sich unter einem Mistelzweig zu küssen. Tatsächlich kann man sie in Liebeszaubern nutzen, weit wichtiger ist jedoch ihre Eigenschaft als Schwellenpflanze. Das bedeutet, diese Pflanze hat die Macht, die Türen zur Anderswelt zu öffnen und dem Magier oder Schamanen so den Kontakt zu den Geistern und Ahnen zu erleichtern. Tatsächlich wurde die Pflanze dafür geraucht, denn sie verfügt über psychoaktive Inhaltsstoffe. In Räucherungen wirken sich diese jedoch nur geringfügig aus, weshalb man sie verwenden kann, um eine tiefe Trance zu erzeugen.

Petersilie:
Petersilie ist die beste Pflanze für Fruchtbarkeits- und Liebeszauber, denn sie ist eines der stärksten natürlichen Aphrodisiaka. Aufgrund dieser Eigenschaft der Pflanze findet man noch heute in Altstädten Straßen mit dem Namen „Petersiliengasse“ oder „Petersilienweg“, in denen sich üblicherweise das Rotlichtviertel befand.

Rosmarin:
Rosmarin wird in Räucherungen verwendet, um Liebe, Leidenschaft und Treue zu stärken, sowie als Schutz vor negativen Energien und zur Reinigung. In Kräutersäckchen kann er zur Linderung von Trauer verwendet werden und ein einzelner Zweig wurde früher den Toten als Abschiedsgruß in den Sarg gelegt.

Safran:
Safran lässt sich gut als Zutat in erotisierenden Räucherungen verwenden, eignet sich aber auch als Füllung von Kräutersäckchen, die Glück in der Liebe bewirken sollen.

Salbei:
Salbei in einem Kräutersäckchen an der Haustüre aufgehängt soll vor dem Eindringen negativer Mächte schützen. In Räucherungen wird er vor allem zur Reinigung und zum Schutz eingesetzt, doch auch gegen Krankheiten aller Art wirkt eine Räucherung mit Salbei lindernd, da sein Rauch antiseptisch ist.

Thymian:
Da Thymian ebenfalls als natürliches Aphrodisiakum gilt, lässt sich daraus ein wundervolles Badesalz herstellen, das über erfrischende, belebende und vor allem lustfördernde Eigenschaften verfügt. In Räucherungen verleiht er Mut und besondere Stärke.

Waldmeister:
Waldmeister in Kombination mit Salz in einem Kräutersäckchen schützt zuverlässig vor magischen Einflüssen aller Art. Beachten Sie aber bitte, dass die Pflanze unter Naturschutz steht und deshalb nicht aus der Wildnis geerntet werden darf!

Weide:
Der Weidenbaum ist einer der heiligsten Bäume der Kelten und gilt als Symbol für die Fruchtbarkeit des Landes, was sich aus der Tatsache ableitet, dass die Weide als einer der ersten Bäume im Frühjahr austreibt. Ihre Rinde enthält Salicylsäure, eine Vorstufe von Aspirin, und wirkt deshalb blutverdünnend, leicht schmerzlindernd und entzündungshemmend. Magisch verfügt sie über eine ähnliche Eigenschaft wie die Linde, man kann Krankheitsenergien auf Weidenholz übertragen und sie somit für Heilungszauber nutzen. Außerdem wird Weidenholz häufig genutzt, um Zauberstäbe daraus zu fertigen.

Rituale und Zauber mit Pflanzen und Steinen

Um Ihnen Anregungen zu geben, wie Sie mit Steinen und Pflanzen magisch arbeiten können, stelle ich an dieser Stelle noch einige Zauber und Rituale vor, die auch für Anfänger geeignet sind und die wichtigsten Themenbereiche abdecken. Sie können diese entweder genauso anwenden, wie in den Anleitungen beschrieben, oder intuitiv abändern und an Ihre eigenen Bedürfnisse anpassen. Vor allem können sie jedoch als Vorlage und Inspiration für eigene Rituale oder Zauber dienen.

„Witch bag" für Glück und Erfolg

Als Witch bags, deutsch Hexenbeutel, werden **kleine Beutelchen** bezeichnet, die **mit Kräutern, Edelsteinen und anderen Zutaten befüllt** sind und eine magische Wirkung erzeugen sollen. Wir werden nun ein Witch bag herstellen, der als Talisman dienen und Glück und Erfolg anziehen soll. Den Beutel tragen Sie am besten immer bei sich, zum Beispiel in der Handtasche oder am Schlüsselbund als Anhänger. Wenn Sie diesem einen festen Platz in Ihrem Auto oder Haus zuweisen, wird er das Glück dorthin ziehen und so für ein freudvolles Zuhause sorgen oder ein Auto, mit dem es möglichst wenig Probleme gibt.

Zutaten:
Ein kleines Stück Alraunwurzel
Getrocknete Baldrianwurzel, ca. 1 g
Drei getrocknete Holunderbeeren
Ein kleiner Pyritstein
Ein kleiner Onyx (Rohstein oder Trommelstein)
Ein Stück grüner Stoff, ca. 15 x 15 cm
Nähzeug
Optional ein Blatt Papier und Stift

Bereiten Sie sich wie üblich auf ein Ritual vor, ziehen Sie einen Schutzkreis und arbeiten Sie dann an Ihrem Altar. Während der gesamten Fertigung fokussieren Sie Ihren Geist auf die gewünschte magische Wirkung, um den Witch bag mit Ihrer Intention aufzuladen. Nähen Sie nun zuerst ein kleines Beutelchen aus dem Stoff, welches Sie dann mit den Steinen und Kräutern befüllen. Wenn Sie die Wirkung des Witch bags noch verstärken möchten, kreieren Sie eine passende Sigille und fügen diese ebenfalls dem Beutel hinzu. Nun nähen Sie den Beutel zu und rufen Ihre Geistführer oder Ahnen an, um diese darum zu bitten, den Beutel zu segnen und zu weihen.

Magisches Amulett zum Schutz Ihres Autos

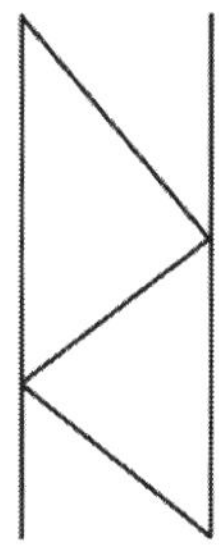

Wenn Sie dieses Amulett an den Rückspiegel Ihres Autos hängen, schützen Sie es zuverlässig vor Schäden durch Sturm und andere Wettereinflüsse sowie vor Einbruch und Diebstahl. Die hierfür verwendete Sigille ist eine Binderune aus den Runen Hagalaz und Raido, wobei Hagalaz für den Schutz sorgt und Raido sich auf Fahrzeuge bezieht. Deswegen wird das Amulett nicht in Ihrem Haus wirken, da die Binderune speziell für Fahrzeuge kreiert ist. Sie benötigen für das Amulett ein Holzplättchen aus Holunder- oder Weidenholz. Das Plättchen sollte ungefähr 5 x 2 cm groß und relativ dünn sein, gerade ausreichend, um die Rune darauf eingravieren zu können, was Sie am einfachsten mit einem Brennpeter oder Ihrer Boline tun können. Nun müssen Sie noch ein kleines Loch hineinbohren und eine Schnur zur Befestigung durchziehen, fertig ist das magische Schutzamulett. Die Fertigung des Amuletts sollten Sie an Ihrem Altar vornehmen, nachdem Sie die üblichen Vorbereitungen getroffen haben. Auch für diesen Vorgang gilt – wie immer in der Magie: Die Stärke von Fokus und Intention während der Anfertigung bestimmen die Stärke der Wirkung des fertigen Objekts.

Amulett für Glück in der Liebe

Mit diesem Amulett erschaffen Sie sich nicht nur ein magisches Objekt, sondern auch ein äußerst reizvolles, hübsches und außergewöhnliches Schmuckstück. Für die Fertigung gelten die gleichen Grundregeln wie auch in den vorherigen Zaubern, weshalb ich diese nicht noch einmal aufführen werde.

Zutaten:

Ein kleines Glasfläschchen mit Korken, ca. 3-4 cm groß (erhältlich in Esoterikläden, auf Mittelaltermärkten, bei Wish und Amazon)
3 Rosenquarz-Pebbles (Pebbles sind Minitrommelsteine mit einem Durchmesser von 1-3 mm)
3 grüne Aventurin-Pebbles
3 Bergkristall-Pebbles
Einige Brennnesselsamen
Ein winziger Zweig Rosmarin
Drei Safranfäden
Eine dicke Nähnadel
Kerzenwachs
Eine Halskette aus Silber, alternativ ein Lederband

Befüllen Sie das Fläschchen nun mit den Zutaten, so dass sich eine hübsche, bunte Mischung ergibt, Sie dürfen hier ruhig auch auf die Ästhetik achten. Überziehen Sie dann den Korken unten mit etwas Kerzenwachs, um das Fläschchen zu versiegeln, und durchbohren Sie ihn anschließend mit der Nadel. Jetzt müssen Sie nur noch die Kette durch das Loch fädeln und fertig ist ein wundervolles Schmuckstück mit magischen Eigenschaften.

Reinigende Räucherung zur Unterstützung von Heilungsprozessen und der Abwehr von Krankheiten

Die folgende Räucherung eignet sich besonders gut, wenn sich Krankheiten festzusetzen scheinen. Besonders bei Erkältungsleiden oder grippalen Infekten, die immer wiederkehren und nie richtig ausheilen, aber auch wenn man nach einer Erkrankung einfach nicht wieder zu Kräften kommt, kann diese Räucherung einen Durchbruch bringen. Räuchern Sie damit drei Tage lang die gesamte Wohnung und die Aura der erkrankten Person aus.

Zutaten:
Ein mittelgroßes, getrocknetes Blatt vom Bärlauch
Weißer Salbei, 5 g
Johanniskraut, 3 g
Rosmarin, 4 g
Thymian, 2 g

Alle Zutaten vor dem Räuchern fein mörsern und gut vermischen.

Eigene Rituale entwickeln

Wie ich bereits in der Einleitung dieses Buches schrieb, möchte ich Sie dazu befähigen, eigenständig magisch zu arbeiten und nicht nur Rituale nach Anleitung durchzuführen. Nur wer dazu in der Lage ist, kann sich tatsächlich als echte Hexe bezeichnen, wobei der Begriff Hexe als geschlechtsneutral zu verstehen ist. Die gute Nachricht lautet: Eigene Rituale oder Zauber zu entwickeln, ist gar nicht so schwierig, wie es für einen Anfänger erscheinen mag. Sie benötigen dafür lediglich solides Grundwissen, Kreativität und eine gute Intuition. Das Grundwissen liegt Ihnen in diesem Buch vor und im Quellenverzeichnis finden Sie viele weitere, sehr gute Bücher zum Thema, um dieses zu vertiefen. Die Schulung Ihrer Intuition geschieht auf dem magischen Pfad ganz von allein, vor allem durch regelmäßige Meditation. Lediglich bei der Förderung Ihrer Kreativität sind Sie gefragt, doch für gewöhnlich wächst diese, indem man Sie regelmäßig benutzt. Wenn Sie sich also regelmäßig in der magischen Arbeit üben, werden Sie bald über ein ausreichendes Potenzial dieser Eigenschaften verfügen, um sich auch an eigene Rituale wagen zu können. Im Folgenden führe ich Sie Schritt für Schritt durch diesen Prozess, damit Sie bald schon als echte Hexe durchstarten können.

SCHRITT 1: DER GRUNDLEGENDE PROZESS

Um ein eigenes Ritual oder einen Zauber zu entwickeln, benötigen Sie natürlich zuerst einmal eine Idee, die Sie so ausführlich wie möglich erarbeiten sollten. Nutzen Sie Ihr Grimoire, um den Zweck der Magie so genau wie möglich zu beschreiben, und erarbeiten Sie so das gewünschte Ergebnis. Betrachten Sie diese Phase als Brainstorming, das Sie dazu nutzen, den bestmöglichen Weg der Umsetzung zu finden, den bestmöglichen Zeitpunkt für die magische Arbeit zu bestimmen und die benötigten Mittel herauszufinden. Beachten Sie dabei den Grundsatz „Weniger ist mehr" und planen Sie nur so viel Aufwand ein, wie unbedingt notwendig. Für Anfänger ist es zwar empfehlenswert, alles lieber etwas komplizierter und aufwendiger zu gestalten, wenn es dabei hilft, den Glauben an die Wirkung der Magie zu stärken, doch gilt vor allem eines: Je einfacher die Magie, desto wirksamer! Bedenken Sie bitte, dass sämtliche magischen Hilfsmittel im Grunde lediglich symbolischer Natur sind und dabei helfen sollen, den Fokus und den Glauben zu verstärken. Magie wirkt über die Kraft des Geistes und benötigt deshalb eigentlich keine Hilfsmittel. Die Magie der leeren Hand, über die ich zu Beginn dieses Buches kurz schrieb, arbeitet allein mit den Geisteskräften. Deshalb sind Sie vor allem gefordert, die richtige Balance zwischen verwendeten Hilfsmitteln und Einfachheit zu finden.

Für die allermeisten Zwecke sind einfache Zauber, wie ich sie im Laufe dieses Buches und vor allem im letzten Kapitel beschrieben habe, vollkommen ausreichend. Rituale, innerhalb derer Sie aufwendige Energiearbeit leisten und viele Hilfsmittel nutzen, empfehle ich nur für sehr komplexe Ziele, die mehr als eine Wirkung haben sollen. Da wir bisher jedoch hauptsächlich mit kleineren und einfachen Zaubern gearbeitet haben, möchte ich hier ein beispielhaftes Ritual planen, um Ihnen die Vorgehensweise deutlicher zu machen. In diesem Ritual möchten wir ein Amulett mit verschiedenen Energien aufladen: Schutz vor negativen Energien und Wesenheiten, glücksbringende Energie und Stärkung des Selbstbewusstseins. Darüber hinaus soll das Amulett nur für einen bestimmten Träger geweiht werden und damit nur für diesen Menschen wirken. Zunächst bestimmen wir also die Hilfsmittel und Zutaten, die wir für das Ritual benötigen:

- Ein geeignetes Schmuckstück, zum Beispiel ein passender Edelstein mit Anhänger für eine Kette. Ein Bergkristall eignet sich hier hervorragend, da er ein großartiger Energie- und Informationsspeicher ist, der sich mit sämtlichen Energien aufladen lässt und diese verstärkt.
- Ein Topas für Selbstbewusstsein
- Ein Onyx für Schutz
- Etwas Baldrianwurzel für Glück
- Eine Schale, um die Steine und Kräuter hineinzulegen
- Ein Foto der Person, für die das Amulett bestimmt ist, um es für diese allein zu weihen
- Zauberstab zum Leiten der Energien

Halten Sie die Liste der geplanten Zutaten und Hilfsmittel schriftlich in Ihrem Grimoire fest, erläutern Sie hier ruhig auch ausführlich, warum Sie sich für diese Mittel entschieden haben. Dann können Sie zur nächsten Phase übergehen.

SCHRITT 2: RITUALPLANUNG UND -VORBEREITUNG

Nun wählen wir einen geeigneten Zeitpunkt aus, für unseren Zweck bietet sich Mond im Widder, im Stier oder in den Fischen an. Da keine der astrologischen Kombinationen alle Zwecke unseres Vorhabens abdeckt, würde ich den Fische-Mond wählen, da er gute Energien für die Herstellung magischer Gegenstände liefert. Außerdem sollte es sich um einen Vollmond handeln, da dieser Zauber weder etwas abschwächen noch verstärken soll. Vielmehr soll das Amulett ständig mit höchster Wirkung arbeiten, weshalb der Vollmond als Symbol für Vollendung der beste Zeitpunkt ist. Wir suchen also nun mit Hilfe einer App oder des Internets heraus, wann der nächste Vollmond in den Fischen ist, und haben somit ein Datum für unser Ritual. Was jetzt noch fehlt, ist die Planung des Ritualablaufs, die in etwa wie folgt aussehen könnte:

- Schutzkreis ziehen
- Anrufung der Geistführer und Bitte um Verstärkung der eigenen magischen Energie
- Platzieren der Schale mit den Edelsteinen und Kräutern in der Mitte des Altars
- Platzieren des Bergkristallanhängers neben der Schale
- Aufnehmen der Energien der Zutaten in der Schale mit dem Zauberstab und Übertragen in den Bergkristall
- Foto der Person in die Mitte des Altars legen, den Bergkristall darauflegen und visualisieren, wie die Energien des Steins und der Person verschmelzen
- Geistführer um Segen für den Anhänger bitten
- Schutzkreis auflösen und Geistführer entlassen

Damit ist die Planung, die Sie vollständig schriftlich in Ihrem Grimoire festhalten sollten, abgeschlossen und das Ritual kann stattfinden, sobald der geplante Zeitpunkt erreicht ist.

SCHRITT 3: DURCHFÜHRUNG UND VOLLENDUNG

Um magische Rituale möglichst effizient wirken zu lassen, gibt es neben der richtigen Vorbereitung, die Sie bereits kennen, noch einige Grundregeln. Dazu gehört, dass Sie sich am Ritualtag mit nichts anderem beschäftigen, halten Sie Ihren Geist rein und fokussieren Sie sich ausschließlich auf Ihr Vorhaben. Zudem kann es sehr unterstützend wirken, einige Tage vor einem geplanten Ritual zu fasten, um sich von negativen Energien zu befreien, welche die Magie stören oder beeinflussen könnten. Wenn Sie sich auf diese Art vorbereiten, steht einer erfolgreichen Durchführung des Rituals nichts mehr im Wege. Die wichtigste Regel bezieht sich jedoch auf die Zeit nach Fertigstellung: Lassen Sie los! Sobald Sie Ihr Ritual beendet haben, sollten Sie nicht mehr darüber nachdenken. Grübeln Sie nicht, ob Sie eventuell etwas falsch gemacht haben, und geben Sie sich keinen Raum für Zweifel. Verlassen Sie Ihren Altar und räumen Sie diesen erst am nächsten Morgen auf, den Rest des Tages sollten Sie sich so gut wie möglich ablenken und sich somit im Vertrauen in Ihre eigenen Fähigkeiten üben.

SCHRITT 4: ANALYSE – ERFOLG ODER FEHLSCHLAG?

Dieser Schritt erfolgt logischerweise erst einige Zeit nach Durchführung des Rituals, da Magie einige Zeit braucht, um eine Wirkung aufzubauen. In unserem Fall müssen wir zunächst einmal abwarten, ob der Träger des magischen Kristalls uns eine positive Rückmeldung bezüglich der Wirkung gibt, was dieser sicher nicht in einigen Tagen feststellen kann. Bekommen Sie dann aber ein Feedback, können Sie über Erfolg oder Fehlschlag entscheiden. Im Erfolgsfall ergänzen Sie Ihre Eintragungen im Grimoire und haben so eine funktionierende Anleitung für ein Ritual. Erhalten Sie jedoch ein negatives Feedback, müssen Sie herausfinden, warum die gewünschte Wirkung nicht oder nicht ausreichend eingetreten ist. Besonders bei Ritualen dieser Art kann es sein, dass eine einzelne Durchführung nicht ausreicht, um die gewünschte Wirkung zu erzielen, denn gerade Rituale leben von der Wiederholung. Ein erster Versuch der Korrektur wäre also, das Ritual ein- bis zweimal zu wiederholen. Sollte auch das nicht zum Erfolg führen, gilt es, zu überlegen, ob die gewählten Hilfsmittel und/oder der Zeitpunkt möglicherweise nicht richtig waren. Hier benötigen Sie vor allem Ihre Intuition, stellen Sie sich die folgenden Fragen und fühlen Sie in sich hinein:

- Fühlte sich irgendein Detail in der Planung und im Ablauf für Sie nicht stimmig an?
- Hatten Sie möglicherweise noch andere Ideen, die Sie dann aber doch verworfen haben?
- Waren Sie am Ritualtag vollkommen fit oder plagte Sie irgendetwas, seelisch oder körperlich?

Bei der Beantwortung dieser Fragen kann Ihnen Ihr Grimoire eine große Hilfe sein, besonders, wenn Sie alles, inklusive Ihrer Gedanken, ausführlich darin festgehalten haben. Schreiben Sie hier auch über Ihre Fehlschläge und Neuversuche und geben Sie nicht auf, bis Sie Ihr gewünschtes Ziel erreicht haben. In der Magie ist alles möglich und alles erlaubt, manche Dinge sind nur schwieriger zu erreichen als andere und brauchen dann vor allem mehr Zeit, Geduld und Ausdauer. Planen Sie deshalb zu Beginn Ihrer magischen Karriere keine zu komplizierten Rituale, sondern gewinnen Sie lieber erst einmal an Sicherheit und Selbstvertrauen. Beginnen Sie mit einfachen Schutzzaubern, die Sie spezifisch auf Ihre Bedürfnisse anpassen, einige Beispiele dafür sind ja bereits in diesem Buch aufgeführt. Auch Zauber zum Anziehen von Liebe, Erfolg oder Glück gehören zu den Grundlagen und lassen sich relativ einfach gestalten. Experimentieren Sie vor allem mit unterschiedlichen Variationen desselben Zaubers. So können Sie zum Beispiel einen Schutzzauber für Ihr Haus entwickeln und wenn dieser gut funktioniert, passen Sie ihn für eine bestimmte Person an. Im nächsten Schritt schützen Sie dann Ihr Haustier oder eine größere Anzahl von Personen auf einmal. All dies erfordert immer wieder kleinere oder größere Anpassungen, was Ihnen dabei hilft, herauszufinden, was gut funktioniert und was anders besser gelänge. Steigern Sie die Schwierigkeit und Komplexität Ihrer Magie langsam, dann werden Sie mehr Erfolge als Misserfolge erleben und einen reichen Erfahrungsschatz aufbauen.

Schlusswort

„Und plötzlich weißt du: Es ist Zeit, etwas Neues zu beginnen und dem Zauber des Anfangs zu vertrauen.“
~Meister Eckhart, spätmittelalterlicher Theologe und Philosoph, 1260-1328

Mit diesem Zitat möchte ich Sie nun entlassen und hoffe sehr, dass auch Sie diesem Zauber des Anfangs vertrauen und sich auf diesen für Sie neuen Weg begeben. Als ich vor über fünfzehn Jahren begann, diesen Pfad zu beschreiten, wurde in mir eine Begeisterung entfacht, die bis heute nicht nachgelassen hat, sondern stattdessen immer weitergewachsen ist. Möge diese Begeisterung auf Sie überspringen und Sie dazu bringen, der Magie zu vertrauen. Magie existiert in allem, was ist, sie ist die Grundlage der Existenz und deshalb sind jeder Gedanke, jedes Wort und jede Tat eine magische Handlung, ob dies nun so beabsichtigt oder überhaupt bewusst ist oder nicht. Deshalb ist es eine sehr weise Entscheidung, sich der bewussten Anwendung von Magie zu widmen und so die Kontrolle und vor allem die Verantwortung für seine Worte und Taten zu übernehmen. Magie ist ein Weg der Persönlichkeitsentwicklung, der Arbeit mit den eigenen Dämonen und der Bewusstwerdung, weiße Magie ist der Weg der bewussten und bedingungslosen Liebe. Wer diesen Pfad beschreitet, findet darauf unweigerlich zu sich selbst zurück und lernt, sich auf das Wesentliche im Leben zu konzentrieren. So kann dieser Weg Sie zu einem besseren Leben führen, mit tieferen und echteren Beziehungen, mehr Erfüllung und vor allem mehr Lebensfreude. Genau dies sind die Dinge, die ich Ihnen wünsche, weshalb ich mich nun verabschiede mit einem alten irischen Segen, der Sie auf Ihrem eigenen Weg der Magie immer begleiten soll:

go n-éirí an bóthar leat
Möge das Glück Ihre Wege bestimmen!